A mamá
le va de maravilla...
y al
hogar
también

HADA MARÍA MORALES

GRUPO NELSON
Una división de Thomas Nelson Publishers
Desde 1798

NASHVILLE   DALLAS   MÉXICO DF.   RÍO DE JANEIRO

Editora General: *Graciela Lelli*
Diseño: *www.Blomerus.org*

ISBN: 978-1-60255-859-5

Impreso en Estados Unidos de América

Contenido

Dedicatoria

Conversaba recientemente con mi amiga Marie, a quien llamo de cariño Miss Velocity —que no es otra cosa que Señorita Velocidad, porque por una u otra razón siempre anda a millón— acerca de cómo Dios me está llevando de su mano por una senda segura y cuánto ha puesto en las mías para trabajar.

Hablábamos sobre este nuevo proyecto y ella me preguntó cuál era el propósito de este libro *A mamá le va de maravilla... y al hogar también.* Sin ningún temor le dije que era sobre una dosis de egoísmo que necesitábamos las mujeres y ella asintió con toda seguridad. Me dijo que había dado en el blanco. Y viéndolo fríamente, creo que es así.

Bueno, sé que muchas veces hemos oído y leído dedicatorias de libros más o menos así: «Este libro va dedicado a ti mujer, bla, bla,bla» y van desfilando uno a uno los papeles que nos toca vivir... ¿y nosotras? ¡Desaparecidas! Pues bien, mi amiga, este libro es solo para usted, usted es la reina y protagonista en cada una de sus páginas. ¿Qué le parece esto? Espero que genial.

Se lo dedico a usted mujer, con todas las letras de su nombre de pila y de su apellido de soltera para que se sienta, reflexione sobre su vida y retome el rumbo. Un momentito, ¡no me confunda! No soy feminista, solo que nosotras —por estar en todo y en todas— nos hemos olvidado de vivir y de darle vida a nuestra propia existencia, por estar ocupadas dándoles vida a los demás, al gato, al perro y hasta a las plantas.

En el bus de la vida, a pesar de haber asientos mullidos y reclinables, siempre viajamos de pie. Ya nuestros pies están hinchados, tenemos las uñas encarnadas y hasta un juanete porque nos hemos descuidado. Cuando finalmente nos damos cuenta, pues siempre estamos ocupadas, y dando y dando todo el tiempo nuestro tanque se vacía, nuestro hogar y nosotras nos enfermamos y hasta el esposo decide mudarse.

No olvidemos que no somos la Mujer Maravilla y que si no nos cuidamos, si no aplicamos una dosis de egoísmo, no podremos llevar bien la empresa llamada «hogar», que tanto demanda; no solo en tiempo sino en energía y apoyo a los que amamos tanto.

Así es mi querida lectora, amárrese los cinturones, prepare un buen té o café si lo prefiere, acurrúquese en su sillón favorito y emprenda conmigo un viaje por las páginas de este libro, que viene a ser algo así como un «spa» para el espíritu, el alma y el cuerpo.

Posdata: Solo hay derecho a un boleto, el suyo.

1

La salud

¡Oh, Dios, creo que este capítulo es para mí! Las mujeres, por lo general, nos ocupamos de todo; pero, cuando se trata de la salud, somos bastante irresponsables, y aquí me ubico en primer lugar. La gran mayoría de nosotras solo vamos al doctor cuando estamos embarazadas, ahí si no somos capaces de faltar a una cita y creo que no lo hacemos tanto por nuestra salud sino por el regalo hermoso de la vida que llevamos dentro. Sin embargo, se nos olvida o no tomamos en cuenta que cuando nace un niño también nace una mamá.

Cada etapa de nuestra vida amerita que le prestemos atención a nuestra salud, pero casi se hace necesario que nos amarren o estemos sintiéndonos muy mal para que vayamos al doctor; y si es al ginecólogo o al dentista ni para qué decirlo.

Hay momentos en que casi andamos con la rodilla en la mano o con la cabeza que nos estalla y seguimos trabajando haciendo caso omiso de las señales que nuestro cuerpo emite. De poco o nada sirve estar atendiendo nuestro hogar y como música de fondo la quejadera de que me duele aquí o me duele allá, de que no puedo dormir o me cuesta levantarme. Si bien es cierto que esos males físicos no son contagiosos, la quejadera sí que lo es y puede afectar visiblemente a nuestra familia. En nuestras manos está la oportunidad de cambiar esa situación.

Una mujer con la salud quebrantada —especialmente por descuido— no puede rendir todo lo que quisiera. Algunas veces no nos sentimos bien porque estamos alimentándonos inadecuadamente, durmiendo poco y haciendo caso omiso de las indicaciones del médico de que debemos caminar por lo menos una media hora cada día.

Gracias a Dios se ha despertado una gran conciencia acerca de la importancia de la salud. Tanto hospitales como organizaciones comunitarias constantemente están realizando ferias de salud; pero si no nos interesamos en asistir, por supuesto, no nos llevarán la feria a la casa; lo único que nos pueden llevar es una ambulancia si persistimos en esa loca idea de que todo es primero. ¿Y su salud, señora? Muy bien gracias... y la doñita está a punto de un colapso.

Le sugiero que hoy mismo revise cuándo fue la última vez que:

1. Se sometió a un examen físico. Fecha_____
2. Visitó a su ginecólogo. Fecha_____
3. Visitó a su dentista. Fecha_____

Y eso apenas por mencionarle algo muy básico.

Dependiendo de su edad o etapa de su vida, consúltele a su doctor si necesita algún tipo de examen específico. No se conforme con apaciguar su conciencia entreteniéndola con que lo hará después, mañana, cuando tenga tiempo, después de las vacaciones de los niños, cuando la perrita salchicha tenga sus perritos... Después, después, después y cuando se acuerde ya pasó otra vez un año sumándose a dos o más sin haberse atendido debidamente.

Ahora, después de escribir este capítulo, estoy anotando en mi agenda la cita que tengo pendiente con el dentista y el médico general para mi chequeo anual. ¿Queremos hacer mucho por los demás? ¿Queremos ser eficientes en todo lo que hacemos? ¿Queremos cumplir con Raymundo y todo el mundo? Entonces cuidemos nuestra salud, que es un gran tesoro y la base, el motor, que nos ayudará a lograr metas y a levantar y mantener a nuestras familias.

Si la mujer está sana, su familia también lo estará, ¡no lo dude!

Ah, y si le sirve de algo... no vaya a su cita médica sin una lista de sus dolencias, como la que escribe para ir al supermercado. Le recuerdo que con tantas obligaciones que atender nos puede fallar la memoria y la cita del médico podría ser tiempo y dinero perdido.

Hasta aquí mi participación en este asunto tan importante, ahora le toca a usted escribir lo que haga falta...

2

¡Auxilio! ¡Necesito un descanso!

Hay días, definitivamente, en que regreso a casa como una araña fumigada. Algunos de esos viernes llego a mi hogar y después de una ducha y hacer unas cuantas cosas aquí y allá, me voy a la cama a las siete de la noche. Duermo de un solo tirón hasta las ocho y treinta del día siguiente, sábado, y como no trabajo ese día no tengo que estar en pie a las cinco de la mañana.

Tras muchos años, he llegado a la sabia conclusión de que antes que sintamos que no damos más debemos detenernos y tomar un descanso. La mujer de hoy, agobiada por tanta carga, se ha habituado a tener un concepto de sí misma de que es casi como una máquina llena de botones: el botón del mercado, el botón del lavado, el de recoger a los niños a la escuela, el del despertador y así para cada actividad. Somos como un panel lleno de botones se activa uno a uno para cumplir con diferentes funciones.

Y ese grito desesperado pidiendo ayuda es a todo nivel: la madre joven porque necesita atender de uno a uno a sus niños pequeños; la madre de adolescentes porque además de ayudarlos debe lidiar con sus pataletas típicas de la edad; la madre del joven adulto que apenas está superando haber sobrepasado la adolescencia de sus polluelos. Y, además de todo, hay que continuar llevándolos y trayéndolos porque se han involucrado en muchas actividades. Hasta novia tienen. Es de nunca acabar y, si no tenemos conciencia del factor tiempo y lo limitado de nuestras energías, no es nada raro que caigamos en un estado de nervios o el cuerpo se funda de tanto correr.

Para evitar esas señales de auxilio lo primero que debemos hacer es aprender a ser buenas administradoras de nuestro tiempo y a establecer un orden de prioridades en nuestras ya atestadas agendas.

No podemos decir a todo que sí, no somos Marvila, la Mujer Maravilla, ni tampoco los floreros de todas las mesas. En más de una ocasión debemos decir no, de ninguna manera podemos estirar nuestras energías y ponerlas tensas como cuerdas de violín. Si así fuera —un violín o una guitarra demasiado tensa no emite una linda melodía— tendríamos que estar rígidas todo el tiempo. Si lo sabré yo, que cuando estudiaba en el colegio estaba aprendiendo a tocar guitarra. En una ocasión, por ejemplo, mi profesor Don Manuelito —que Dios tenga en su gloria— me afinó la guitarra. Pero yo, creyéndome más experta que él, seguí apretándoles los trastos, de forma que cuando ya estaba lista —en posición anotadora—, al primer intento que hice de rasgar la guitarra, se le levantó la tapa del frente. Hasta ahí llegó mi carrera de guitarrista, por supuesto, me castigaron y adiós guitarra.

Y a veces así, ni más ni menos, estamos nosotras; al máximo de lo que damos. Por lo tanto, de ahí en adelante emitimos ruidos, malas contestaciones y hasta caemos en situaciones nerviosas con llanto y todo. ¿Que cómo lo sé? Lo sé porque he repetido esa historia de la guitarra varias veces, pero con mi cuerpo.

Una agenda demasiado recargada no nos hace nada bien, debemos aprender a ser selectivas. Disciplinarme y cuidar mi cuerpo... ¡ay, qué mucho me ha costado! De alguna manera, abusar de nuestro cuerpo con exceso de trabajo, así sea para el Señor, tarde o temprano nos pasa la factura.

El Señor es un Dios de orden. Cuando hizo la creación, aun siendo quien es, se tomó su descanso. Esa es una gran lección que aun cuando la hemos oído una y otra vez no le hemos dado el valor que tiene. No se trata siempre de hacer y hacer, se trata de ser buenas administradoras, hacer rendir el tiempo; pero no a costa de nuestra salud. Ojalá las personas aprendiéramos por experiencia ajena, pero no es así. Espero, con todo mi corazón, no estar tirando en saco roto mis palabras. Y no solo estas, sino mi experiencia y lo positivo que ha sido para mí pedir ayuda y darle a mi cuerpo el merecido descanso.

Tal vez usted diga: «Hada María ya tiene a todos sus hijos grandes», pero déjeme decirle que un día fueron pequeños y cuando me excedía ellos mismos tenían que pagar las consecuencias de una madre poco sabia que se extralimitaba y repetía una y otra vez la historia de la guitarra. Obviamente una guitarra se puede reponer, pero nuestro cuerpo no tiene repuesto. Si no mire lo que cuesta conseguir un donante de hígado o riñón cuando uno de ellos falla. Eso solo es una pequeña muestra de la seriedad del asunto.

Nada justifica un cuerpo abusado por excesos, debemos tomar conciencia de esto y, si no podemos cambiar la vida tan ocupada que tenemos, estoy segura de que podemos establecer intervalos de descanso y no trasnochar.

El trajín de esta vida loca que llevamos nos obliga a llegar a casa a realizar tareas pendientes. Si me pregunta qué opino de eso, le diré que prefiero dedicar varias horas del sábado a poner la casa en orden —y darle durante la semana solo una «manita de gato»—, ya que mi organismo necesita por lo menos ocho horas de sueño.

Qué tiempos aquellos en que las personas se tomaban una siesta al mediodía para recuperar sus fuerzas en esos minutos dedicados a cortar la jornada. Todavía hay algunas sociedades sabias en el mundo que han decidido detenerse a medio día para hacer un alto.

Hay mujeres que se ufanan de que trabajan tanto que no tienen tiempo para almorzar. Esto me da lástima pues el daño que le están haciendo a su cuerpo se manifestará tarde o temprano; no solo en un estómago enfermo sino en sus emociones, ya que cuando el cuerpo no da más hasta lloramos. Yo sé cómo es eso porque lo he vivido en carne propia.

Pero, definitivamente, si en verdad hemos recibido la Palabra de Dios con sinceridad en nuestros corazones, estaremos más que dispuestos a hacer cambios; por lo tanto, no hay manera de continuar con esa carrera loca, dándole y dándole excesos a nuestro cuerpo. Solo una mujer consciente de esto puede llevar su vida con salud y buenos resultados.

Establezca prioridades, no tema. Si tiene que doblar un canasto de ropa, pero está tan cansada que su cuerpo le exige una ducha, una pijama y su camita caliente, no lo dude. La ropa puede esperar, pero la voz del cuerpo no la podemos ignorar. Una mujer ocupada *debe descansar*, si no se verá obligada a hacerlo en el hospital o para siempre, bajo tres metros de tierra y con un epitafio que dirá algo así: «Aquí yace una mujer que se creía casi una bicicleta, andaba siempre sobre ruedas y era muy eficiente, casi como una máquina de alto rendimiento pero... un día se extralimitó y de ella solo queda su recuerdo. Descansa en paz mujer veloz».

Yo ni en letras de oro quiero que escriban algo así en mi lecho de muerte. Prefiero estar con vida y descansada en paz, pero *¡viva!*

Hasta pronto y apague la luz.

3

La alimentación y la acción

«Dime lo que comes y te diré cómo vives». «Mmm, nunca había escuchado eso», dirá usted. Y, en realidad, así es la cosa señoras y señoritas, de acuerdo a cómo nos alimentemos así será nuestra vida. Quiero confesarles que por mucho tiempo sentí una atracción terrible por los chicharrones, las papitas, las frituras, los dulces y otras comidas «chatarra». Como era joven, no sentía ninguna culpa ni efecto por su ingestión, pero a medida que se me sumaban las páginas del almanaque empecé a notar las consecuencias. Gracias a Dios, hoy en día hay campañas contra esos «detonantes» que atacan a la salud. Es imposible no promover un poco la conciencia y seguir olímpicamente y con música de zamba rumbo al hospital acompañada por una bolsa de papas fritas y unos torrentes de colesterol que —ay Dios mío— meten miedo.

Antes de continuar por este camino del cambio en vías de gozar una vida sana con efectos secundarios positivos, debo aclarar que no soy una profesional en nutrición. Solo me aventuro en este terreno a partir de mi propia experiencia y de la bendición que ha sido para mí contar con esos estudiosos de la nutrición que día a día están cambiando la vida de los ciudadanos comunes y corrientes como yo, que quieren levantarse ágiles y contentos para enfrentar y comerse el mundo, las hierbas y las frutas que con tanta sabiduría aconsejan.

Bueno, aclaro este asunto especialmente por si acaso este libro cae en mano de uno de esos estudiosos, no vaya a tener que decir: «Esta señora Morales, está más o menos acertada, pero el especialista soy yo». Y es cierto. Sin embargo, con este capítulo solo quiero poner en mis lectores la inquietud y el hilito para encontrar el camino hacia una vida con hábitos sanos, uno de los cuales es la alimentación, entonces, ¿dónde nos quedamos?

¡Ah!, es que la mencionada señora Morales tenía unos hábitos alimenticios terroríficos y gracias a esta batalla campal en contra de esos hábitos, ha ido cambiando y mejorando casi un cien por ciento su manera de alimentarse. Aunque de vez en cuando sucumbe ante un chicharrón, una que otra tira de tocineta o un pastelito de carne salpicado en azúcar... bueno dije que va cambiando. Si usted está así como yo, entonces pongámonos ya en línea y aquello de los chicharrones que sea cosa del pasado.

Me crié en un pueblito del norte de Nicaragua donde las personas se alimentan muy bien, comen muchos granos, verduras, leche, queso, requesón, pero inevitablemente se cruza en el camino un tentador y delicioso chicharrón. Sin embargo, por lo general consumen mucha fruta, especialmente las de la temporada y además, caminan mucho.

Pero, ¿saben qué? La famosa modernidad —producto de una vida superatareada que casi sin darnos cuenta nos empuja a vivir en patines— nos hace llevar una clase de vida en la que en vez de alimentarnos solamente comemos como para acallar las demandas del estómago.

Lo peor de todo es que con tantas cosas que le ponen a esa comida nuestro paladar se va ajustando a ese tipo de sabor. Entonces se vuelve un hábito comer hamburguesas, con una montaña de papitas fritas, una soda que nos pone a millón y si queda un huequito le empujamos algún postrecito y asunto resuelto, correr al carro, si es que no hemos comido dentro de él mientras toreamos un tráfico loco y nos bajamos a las millas para sentarnos nuevamente frente a la computadora.

Esto solo es el preámbulo a un cambio de talla, un gran gasto por supuesto, prepararnos para ser carne de cañón para el hospital o un buen negocio para la funeraria, si es que el fabricante de las sillas de ruedas no entró ya en ese proceso de suicidio involuntario.

No, no, por favor, si lo pensó no lo diga, se lo diré yo: «Esa señora Morales es una exagerada»; y no le culpo. Así pensaba yo cuando los especialistas en esto de la nutrición me hablaban. Me parecían alarmistas y exagerados, pero en realidad solo cuando uno se toma el tiempo para examinar sus hábitos de vida es que se da cuenta de que estamos escribiendo poco a poco nuestros epitafios, en los que no sería extraño que viéramos algo como lo que sigue: «Aquí mora un tragón que nunca quiso poner atención a las señales de alerta y, por ende, está donde él mismo —sin darse cuenta— no quería estar... muerto».

No en vano las señales de alerta se nos encienden por todos lados; por tanto, no dejemos de atenderlas pues realmente —como lo mencioné al principio— según nos alimentamos es la manera en que vivimos y rendimos ante el diario reto de la vida, tanto en lo personal como en laboral.

Nunca escribo mis libros con la finalidad de enseñarles cuánto sé, sino con el objetivo de que cada capítulo sea como una bombita que les active la conciencia y se sientan animados a hacer pequeños cambios que les traerán frutos positivos a su vida y a la de las personas que les rodean. La forma en que nos alimentamos determina cuán dispuestos o cansados estamos al levantarnos y a medida que avanza el día. Además, la alimentación debe ir de la mano con su hermanito gemelo, el ejercicio físico.

Si enciende la televisión, no se librará del bombardeo de una amplia gama de aparatos para hacer ejercicios, los hay con y sin turbo, aerodinámicos, con diseños aeroespaciales, etc. Luego, al poco tiempo, dicen que los mejoraron para darle la línea perfecta a su cuerpo y así por el estilo, tantos y tan variados que ya uno se cansa de invertir en aparatos con promesas milagrosas que a fin de cuentas llenan la casa, confunden la mente, colapsan el bolsillo y el cuerpo continúa guardando —en vez de la línea— la circunferencia, ¿qué le parece?

¡Ah!, y de las pastillas para bajar de peso de manera casi instantánea ni hablemos. Una vez tuve una clienta que temblaba mucho, sin poderme contener le pregunte qué le pasaba y me dijo que las pastillas para bajar de peso la alteraban. Me dije: «¿Quién le habrá recetado semejante cosa? Me aterroriza pensar que si continúa así y si no sobrevive a un infarto, de todos modos va a adelgazar; pues no he sabido de ningún esqueleto gordo». Me contuve de comunicarle mi reflexión al pie de la letra y solo le pregunté si antes de tomar esas pastillas había consultado a su médico. Me dijo que no era necesario porque su doctor jamás se las autorizaría, ¿cómo lo ve?

Siempre se ha dicho que el que se receta solo tiene como paciente a un loco y cada día me convenzo de que esos dichos populares tienen fundamento. Una alimentación sana es como el combustible que le pone a su cuerpo para poder funcionar. Dígame si no es cierto que cada vez que ingerimos alimentos ricos en grasa o frituras nos sentimos pesados y sin energía. Por lo menos a mí me pasa.

Soy una persona muy comilona, no soy gorda, y para mi edad —en cuanto a mi peso y mi estatura— estoy bien, pero he hecho conciencia de que si quiero seguir sirviendo a Dios y desarrollándome en lo que Él tiene para mí, sus ilusiones y propósitos conmigo no pueden viajar en un cuerpo mal alimentado y sin una rutina de ejercicios diaria. No se complique la vida, la cosa es sencilla: verduras, frutas, granos, productos lácteos, mucha agua, un par de zapatos deportivos y un parque para una caminata vigorosa de unos veinte a veinticinco minutos cada día.

Nada de trajes especiales ni gimnasios incosteables si no tenemos presupuesto para pagarlos, que eso no sea lo que le impida hacer ejercicios. Esta sociedad consumista muchas veces nos atrasa pues nos impone el deseo de tener hasta un entrenador personal. Ahora bien, si su bolsillo tiene para pagarlo, entonces adelante. Usted mejora y el entrenador tendrá trabajo, pero si no tiene presupuesto para eso no le busque la quinta pata al gato, ni mucho menos pelos a un calvo. Busque un lugar seguro para caminar y obtenga información calificada de cómo es la mejor manera de alimentarse.

Mi rutina empieza a las cinco de la mañana. Me levanto, tomo una ducha, organizo un poco la casa, especialmente la cocina por los visitantes nocturnos. No, no son cucarachas ni ratones sino mi esposo y mi hija. Me tomo mi jugo de frutas con linaza, un cafecito, una rodaja de pan negro con queso, le doy de comer al perro, lleno los comederos de los pájaros, preparo mi almuerzo para llevar a mi trabajo y me voy a caminar mis veinticinco a treinta minutos por los terrenos de la universidad que está al cruzar la calle. Aprovecho para orar, regreso, me alisto y paso dejando a mi hija al colegio; y antes de las ocho de la mañana estoy en mi trabajo, después de «torear» por casi una hora un tráfico de locos. Pero, ¿sabe qué? La ducha, el desayuno, orar, caminar y darle de comer a mis pajaritos son mi motor mañanero.

Tengo como hábito comer varias porciones unas seis veces al día, pero mi almuerzo siempre va acompañado de ensalada, fruta y algunas veces como pescado, pollo, pasta, un pedazo de carne. Eso sí, durante el día tomo de ocho a diez vasos de agua.

El tipo de trabajo que realizo como servidora social muchas veces consume, literalmente, mis energías; pues cuando uno tiene delante a alguien en una situación urgente no hay otra que hacer que buscar hasta debajo de las piedras para poderle ayudar. ¡Ah! y le aclaro que no es porque me paguen para eso, sino que a este tipo de trabajo no hay salario que lo recompense si uno tiene un corazón compasivo. Así es que además de estar lista en mi campo laboral, mi salud tanto mental como física deben ser mi base para poder sostenerme y salir adelante.

Deseo, con todo mi corazón, haber despertado en usted una motivación para detenerse a pensar en la manera en que ha llevado este aspecto tan importante de su vida como lo es la alimentación y el ejercicio. Si tiene sueños, solo puedo decirle que no pueden hacerse realidad si los aprisiona en un cuerpo perezoso y con constantes indigestiones. Así que, ¡piénselo y actué!

4

Mi legado

Umm, esto me zarandea las neuronas y las fibras más íntimas del corazón. En este capítulo no puedo dejar de mencionar la parte del prólogo que mi hija Valerie me escribió para el libro *Mujer, atrévete a ser feliz* y en la que responde a mi pregunta de cómo me iba a recordar cuando yo ya no estuviera en esta tierra. Me dijo, sin vacilar: «Orando, escribiendo, con flores en tus manos y con tu collar de perlas». En otra parte del mencionado prólogo escribe lo siguiente: «Mi madre, a pesar de sus limitaciones, sigue adelante como el conejo de la televisión», y eso no es otra cosa que la perseverancia, que es un sello de fábrica en mí.

En realidad, ese par de ojitos y esos corazoncitos en formación, están muy pendientes y dependientes de nuestras acciones y de la manera en que día a día —como mujeres y madres— enfrentamos los retos de la vida.

Esos ojos nos persiguen y recogen en sus mentes lo que ven, por ello es mejor que, sin fingir y como producto de nuestros valores, recojan ejemplos y enseñanzas que los conviertan en hombres y mujeres de bien. Por supuesto que no somos perfectas y que mientras vivamos estaremos también formando nuestro carácter y aprendiendo casi al igual que ellos, máxime si nos casamos y tuvimos hijos muy jovencitas. Con el paso del tiempo y las experiencias

—positivas y negativas— vamos cambiando el rumbo de nuestras vidas y de nuestras familias.

¿Cuántas veces hemos llorado por no haber tomado el camino correcto o por haber expresado el veneno que había en nuestro corazón hiriendo y humillando hasta a lo más querido para nosotras: nuestros hijos? Con tristeza veo cómo en mi afán por ser una madre «perfecta», casi de revista, regañaba a mis hijos por todo. Ellos no me devolvían el rechazo a mi actitud con palabras, sino con miradas que demostraban su inconformidad: miradas de reproche.

Así fueron desgranándose los años y sinceramente, si no hubiese sido porque Dios me dio otra oportunidad para vivir mi vida de mujer y madre, de aquellas miradas de reproche quizás hubiéramos pasado a las palabras fuertes y salpicadas de odio, ya que cuando los hijos crecen se sienten más fuertes y capaces de defenderse de las «cantaletas» injustas.

Una madre con una vida interior sana puede dar frutos de un hogar sano; de otra manera su falta de salud espiritual, emocional y física aportará una cosecha escasa y un hogar anémico. Claro, si es que todavía existe.

Cada vez que alguien muere una amiga mía suele decir: «Solo basta con estar vivo para morirse». Y yo, tomando un poco de lo que ella dice, digo: «Solo basta con estar vivo para experimentar el cambio en nuestras vidas».

A veces, cuando nos vemos tal cual somos y nos sentimos avergonzados, no aprovechamos la oportunidad de ese momento de «lucidez» para aceptar nuestra imperfección y con el pretexto de que ya es demasiado tarde para cambiar solo pasamos de largo y seguimos agudizando la situación.

Así ya nuestros hijos sean mayores y tengan tantas «cuentas pendientes» con nosotras pues los marcamos a punta de reproches, si aun están vivos y nosotras también, debemos llenarnos de valor y de humildad para buscarlos y pedirles perdón y reconciliarnos con ellos y con la vida.

¡De nosotras depende el cambio! Siempre pienso que si lo deseamos lo podemos lograr con nuestra disposición a enfrentar —con unas cuotas de dolor y otras de vergüenza— nuestros viejos patrones de conducta.

El legado que dejemos a nuestros hijos debe ser sobre todo conocer, amar, confiar y servir a Dios. Aunque ya nosotras estemos gozando de la presencia de Dios, nos recordarán con alegría, pero sus vidas y las decisiones que deban tomar dependen enteramente de Dios.

Como les comenté al principio, sin darme cuenta mi hija Valerie aprecia en mí los aspectos que me identifican, los hábitos tan arraigados en mi vida, mi amor a las flores y mi delirio por las perlas. Parecen cosas insignificantes, pero para ella son importantes. Yo sé también que seguirá recordando a una mamá «dinamita», que tuvo que pasar por un proceso de «desactivación» que solo Dios podía haber hecho posible.

En mi libro *No arrugue que no hay quien planche* a quien le tocó describir a la mamá, más que a la escritora, fue a María Alexandra. Con ella, más que con ninguno de mis hijos, viví a plenitud eso de «hijos pequeños problemas pequeños, hijos grandes problemas grandes» y entre las cosas que dice en el prólogo, lo que destaca es el mismo sello que Dios puso en mí: la perseverancia.

María Alexandra dice que cuando se ha sentido a punto de «tirar la toalla» y no seguir, recuerda el legado de lucha y perseverancia que su mamá, yo, ha dejado en ella. Eso la ayuda a ponerse de nuevo en pie y a seguir adelante.

Igual que Valerie, y a ella con más «pruebas», ha visto que nunca me di por vencida ante las situaciones difíciles de la vida, en muchas de las cuales ella fue la protagonista. No es que las madres seamos de hierro o invencibles, Dios nos creó con madera de luchadoras, pero toda fuerza se acaba si no es Dios quien nos llena el tanque para seguir adelante.

Nuestro legado de amor, compasión, sabiduría, perseverancia, y sobretodo de confianza en Dios son las herramientas que los harán avanzar decidida y valientemente en la vida.

Me siento contenta cuando me consultan algunas cosas de sus vidas, ya sea en el aspecto personal como en el laboral ya que me he vuelto un poco su asesora en ese campo. Dado que tengo algo de experiencia laborando como consejera en el Departamento del Trabajo de Estados Unidos, los escucho atentamente, les doy mis puntos de vista, pero les destaco que lo más importante es saber lo que Dios quiere que hagan en esa situación.

Les he enseñado que antes de tomar cualquier decisión deben presentarla ante el Señor y esperar en Él. De una forma u otra, el Señor les hará saber qué rumbo seguir y, aunque a veces lo que nos indica no nos gusta, deben seguir esperando en Él ya que su respuesta llegará en el momento preciso. El «reloj» de Dios no sabe de atrasos ni adelantos, suena cuando es el momento justo.

No puedo enseñarles de otra manera, pues solo conozco esa forma de vivir y me ha dado resultado. Esa es otra cosa que los hijos están mirando, que cuando uno les aconseja bajo la bendición de Dios se ven resultados maravillosos.

¿Que todo siempre sale a pedir de boca? ¡Claro que no! Pero si aprendemos a esperar en Él, aunque no nos salgan las cosas como queremos, sabemos que salen a la manera de Dios y que esa es, por supuesto, la mejor para nosotros. Me gusta que sepan y valoren la oración, que sellen sus sueños con la voluntad de Dios.

Estos son solo algunos de los legados que podemos dejar a nuestros hijos. Sé que el mundo de hoy camina patas arriba y que tener dinero da prestigio, pero eso no es lo que Dios dice. Él siempre nos habla y exhorta para que nuestros pasos sean firmes y rectos, y eso es lo que debemos inculcarles a nuestros hijos. Más de lo que creemos, el dinero lava conciencias. La gente sabe que el dinero limpia reputaciones, compra títulos, cubre el lodo y más. Sin embargo, todos un día tendremos que pararnos ante el trono de Dios y ahí no hay millones que valgan, pues él no puede ser burlado y es ahí cuando muchos se darán cuenta de que la vida se les fue en un abrir y cerrar de ojos. De pronto estarán delante del trono de Dios y verán que desperdiciaron su vida viviendo a la loca y corrompiendo gente a su paso, y sus hijos siguieron la misma ruta loca y corrupta de sus progenitores, solo eso vieron y solo eso recibieron como legado.

No dudo que a veces la persona honorable e íntegra se sienta tonta y que vea a su alrededor cómo los «vivos» se llenan las manos de dinero y la boca de orgullo. No obstante, debemos entender que ser honrados no es deshonroso y que aunque no manejemos un carro de lujo ni vivamos en un barrio exclusivo, nuestra vida recta vale oro y es honrada por Dios. Dejarles a nuestros hijos un legado de honradez e integridad es muy relevante ya que pasa de generación en generación.

Así que, mi amiga, miremos la manera en que actuamos pues la historia de nuestros hijos se va escribiendo estrechamente entrelazada con la nuestra. Piénselo y si necesita hacer cambios en su vida para dejarles un legado extraordinario a sus hijos, créame, el esfuerzo vale la pena.

5

La sonrisa… ¡qué recurso!

Sinceramente no sé que sería de mí sin este valioso recurso llamado sonrisa. Es la llave para entrar a un lugar o salir de una situación difícil. La sonrisa tiene autoridad y facultad para poder moverse en doble vía. No en vano los fotógrafos, tanto profesionales como aficionados, cada vez que retratan a una persona le piden que sonría. Nadie quiere guardar fotos con rostros parecidos a limones agrios. La sonrisa es un sello absolutamente necesario tanto para una foto como para poder enfrentar los embates de la vida.

Nos reímos porque estamos felices, nerviosos o apenados. La sonrisa es como el corcho que lanza la botella de bebida espumeante y que solo se puede disfrutar al quedar libre para ser servida en una copa. A veces andamos más tensos que una botella y la única manera de relajarse es con una buena carcajada.

¡Ay, ay, ay! ¡Cuántas veces me he tenido que reír de situaciones ridículas en las que me he visto implicada! Metidas de pata sin gran relevancia, pero que me han puesto en una posición nada ventajosa y no queda otra que aceptar el mal rato y reírme de mí misma.

Recuerdo cuando todavía vivíamos en una casa muy grande que tenía piscina. Con cuatro niños no era nada fácil mantener la alfombra tan blanca como yo deseaba pero, como esta señora Morales estaba en esa etapa del exceso de nitidez en el hogar, tuve la «brillante idea» de limpiarla usando cloro de piscina. Claro que para esa hazaña tenía que esperar que mi esposo se marchara a la oficina, de modo que en cuanto estuve segura de que su auto había arrancado, me lancé como un bólido a mi tarea de lavar la alfombra. Pero no había terminado de rociar el potente líquido, cuando escuché el motor del auto de mi esposo que se devolvía porque se le había olvidado un documento muy importante para una gestión que debía hacer esa mañana. ¡Qué susto! No pude prevenirle que la alfombra estaba rociada con cloro de la piscina porque se hubiese armado la tercera guerra mundial y, sin poner mucha atención, entró y salió a toda prisa.

Yo, por supuesto, respiré aliviada. Pasaron algunas horas y cuando estaba a punto de terminar mi hazaña sonó el teléfono. Era mi esposo que me pedía que antes de recoger a los niños en varias escuelas —por favor— que pasara por una casa que él estaba decorando pues necesitaba que le diera mi opinión. Terminé de preparar todo y me fui a verlo donde estaba haciendo el trabajo.

Llegué a la casa que les mencioné y, para mi sorpresa, tenía la misma alfombra blanca como la de nuestra casa, que había dejado secando después de tanto cloro. Mi esposo me recibió amablemente y me pidió que me quitara los zapatos y cuál fue mi susto cuando al levantar su pie vi que tenía desteñida la parte inferior de sus calcetines oscuros. Quise tener alas de águila para volar o alguna facultad especial para hacerme invisible. Mi esposo, al entrar apurado a recoger el documento olvidado, pisó sobre el cloro de piscina que yo tan «generosamente» había rociado, de forma que sin poder evitarlo le destiño la planta de sus calcetines.

Ay, señoras y señoritas, a mí me entró un ataque de risa casi incontenible, fue como el recurso para no caer desmayada de la vergüenza. Pero así es, la risa siempre es un recurso maravilloso, aunque sea para enfrentar la tormenta de un esposo con calcetines desteñidos.

Cuando nosotras las madres estamos en el proceso del parto, hay un momento en que sentimos que las fuerzas nos faltan. En una ocasión, cruzando por esa etapa de mamá, pensé en lo bonito que sería llegar al hospital y depositar la «panza» en una banda corrediza, como la de las maletas del aeropuerto, y volver al ratito para recoger lo que había en ella: un hermoso bebé. Luego, salir a casa como si nada, listas para arrullarlo y criarlo. Sin embargo, todas sabemos que la cosa es más seria y no queda otra que pasar por ese proceso doloroso, porque nos guste o no, es la ley de la vida.

¿Recuerdan ustedes, queridas amigas, el momento cuando después de sobrevivir los dolores de parto, tenemos a ese bebé en brazos, que nuestra sonrisa y nuestras lágrimas de alegría se confunden para mostrar nuestra felicidad y agradecimiento? En cuatro ocasiones pude vivir esa experiencia y en verdad que me sentía la mujer más feliz del mundo. Mi sonrisa, a pesar de estar toda sudada y maltrecha ya que mis partos eran muy difíciles, después de pasar por ese trance y tener a mi bebé en brazos llenaba la sala. Olvidaba la alternativa de la banda para depositar «panzas». Valía la pena vivir ese momento, pues luego el dolor se tornaba en alegría y en sonrisas.

Sé que muchas de ustedes, que ahora están leyendo este libro, estarán de acuerdo conmigo; y las que todavía no lo han experimentado quiero que sepan que lo vivirán. Para mí la sonrisa es una manera hermosa de decir: «Te quiero», o «Apruebo lo que haces», o «Te acepto como eres» y más. Solo una sonrisa puede sustituir las palabras y ser como esa brisa fresca en medio de la aridez que a veces la vida nos presenta.

En el tiempo en que nuestros hijos son solo unos muchachitos de brazos, nos llena de alegría verlos sonreír. Luego, cuando crecen, ese sentimiento o esa necesidad de verlos sonreír prevalece para nunca mudarse. Nos gusta saber a través de una sonrisa que están felices, aunque ya sean unos hombres y mujeres mayores y nosotras unas abuelitas querendonas que seguimos necesitando el bálsamo de sus rostros sonrientes. Si un niño se cae y llora, lo consolamos y esperamos verlo sonreír; y no es hasta entonces que él y nosotros nos sentimos aliviados y que damos por hecho que la situación ya esta resuelta.

¿Recuerda alguna vez que le hayan puesto una multa por conducir violando la ley? ¡Cómo necesitamos en ese momento que el policía nos muestre sus dientes, no de enojo sino de amabilidad, aunque eso no necesariamente signifique que nos exonere de culpa y nos perdone la multa! Pasamos por un momento desagradable, pero con un policía gruñón y mal encarado la cosa se pone peor. La amabilidad expresada en una sonrisa nos trae mucho alivio.

En estos años en que mi hijo Rodrigo ha estado fuera de casa en un país muy lejano, ha sido un tiempo muy duro para mí vivir bajo la amenaza de que le dieran órdenes de ir a la guerra. Dios ha sido fiel y lo ha cuidado. A pesar de estar en una situación nada fácil lo ha guardado de tener que salir a pelear, y aun tan lejos su corazón del mío, se ha mantenido cercano por el amor, las oraciones y el teléfono. Sin embargo, no me doy por satisfecha cuando me llama si mi muchacho a lo lejos no me expresa una sonrisa y si es una carcajada todavía mejor para mí. Cuánto valor tiene el don de la sonrisa.

Me gusta sonreír porque me siento segura de que Dios me ama. Puedo estar pasando por esos desiertos de la vida, pero Él me mantiene fresca ya que su corazón me hace saber que aun en medio del dolor y la aridez de las pruebas está conmigo, y por eso no puedo evitar sonreír aliviada.

No crea que soy una inconsciente y que no entiendo que a veces, como dice el refrán tan latinoamericano: «La margarita no está para tafetanes». No obstante, la pura y legítima verdad es que si confiamos en Dios como se lo decimos cuando las cosas nos salen bien y se lo sostenemos cuando las cosas están color de hormiga brava, Él pondrá un nuevo canto en nuestra boca y adornará nuestro rostro con una sonrisa, una sonrisa de gratitud y de esperanza.

Solo puedo decirle desde lo más profundo de mi corazón: «Sonría, Dios le ama».

6

Mis finanzas

Este capítulo lo escribí especialmente para mí, ya que durante un tiempo mis finanzas sufrieron un ataque de malaria, tuberculosis e incontinencia. Un diagnóstico patético. Es que el área de las finanzas ocupa un lugar muy importante en nuestras vidas, no es tan superficial como suelen decirnos, y le digo esto: «Dígame en qué gasta y le diré quién es». O bien: «Caras vemos, cuentas corrientes no sabemos». Y esto, queridas amigas, uf, sí que es muy cierto, ¡no lo duden!

De este tema he tenido que volverme un poco experta, pues me ha tocado sentar cabeza y llevar muy bien mis cuentas. Debo confesarles que estoy en «remisión» de una enfermedad que se llama «compritis». Y el mío era un caso severo. Y poco a poco, aprendiendo a veces a porrazos, he venido mejorando y siendo sabia con el dinero.

Por muchísimos años no tuve un sueldo, solo hasta que comencé a trabajar es que pude recibir con verdadero beneplácito mi cheque. Estaba muy, muy feliz, pero debía aprender a llevar bien las cuentas, especialmente porque se trataba de un solo pago al mes. Pasé el «Niágara en bicicleta» con eso de un pago de salario una vez al mes, es tremendo. Pero no quedaba otra que aprender a ser juiciosa y a actuar con madurez financiera.

Hoy en día mis finanzas han ido recobrando su lozanía, digamos que de ese color palúdico amarillento ya van viéndose verdecitas, pues vivo en Estados Unidos y los dólares son verdes. Suena chistoso, pero en realidad no fue nada de risa, sino de lágrimas, cuando de repente —sin haberme percatado de que mi depósito directo estaba ya acreditado en mi cuenta— giré cheques que me rebotaron sin fondos. Los llaman «cheques de hule o de goma», pero a mí me parecieron de piedra ya que me hicieron un gran hueco en mis finanzas.

El asunto de las finanzas no es tan frío ni superficial como parece, es neurálgico en la vida de la persona, tiene la capacidad de influenciar la existencia de los demás. En primer lugar, debemos ejercer mayordomía sobre el dinero y no permitir que este nos controle a nosotros. El dinero es una bendición de Dios, ya que es la manera en que podemos pagar lo que necesitamos para vivir. A Dios, más que el dinero, le interesa la manera en que lo administramos, y si no fuese tan importante ese factor no se hubiese mencionado en la Biblia.

Si pudiéramos formar un grupo de fans de la mujer de Proverbios 31, a mí me gustaría ser su relacionista pública. ¡Cuánta sabiduría y orden hay en este pasaje de las Escrituras! Ella es un gran ejemplo a seguir, máxime hoy que las mujeres llevamos una carga tan pesada y vivimos tan ocupadas.

Quiero decirles que cuando leo este pasaje, a pesar de que ella tenía tantas cosas por hacer, me da mucha paz. No sé, es algo que no puedo explicar. Solo sé que lo leo una y otra vez, y su contenido me trae esperanza, paz, me orienta y me anima. Podemos ver que era una mujer sabiamente diligente, administraba su vida, los recursos económicos con los que contaba y en ningún lado dice que corría como una loca o se quejaba al son del arpa y el salterio. Creo que si en ese tiempo le hubiesen hecho su depósito directo del salario, jamás le hubieran salido cheques sin fondo, ya que hubiese sabido esperar.

Hoy en día hay una cultura tipo: «Si es que lo necesito» y, en realidad, no hay nada de eso; solo es que lo quiero pues cada vez oigo más aquello de: «Date un gustito, te lo mereces». Y señoras y señoritas, de gustito en gustito las cuentas se van inflando y los armarios llenándose de cosas que en verdad no necesitamos.

Desde que aprendí y atesoré en mi corazón que Dios suplirá toda mi necesidad, siento que la vida es menos complicada. Sí debo hacer mis cosas y trabajar con sensatez, pero no al punto de que tenga que lograrlo todo, pues si lo hago, saco a Dios de mi dirección y es ahí cuando entramos en un terreno muy peligroso, la autosuficiencia; y Dios no trabaja con gente así.

Él quiere mujeres capaces, pero cuya capacitación venga de Él; fuertes, pero cuya fuerza esté en Él; sabias, pero cuya sabiduría emane de Él. Entre más independientes queramos ser, más expuestas estamos al fracaso.

Si después de haber tratado con nuestras debilidades financieras y llevar nuestros recursos al borde del colapso no logramos resultados buenos, entonces busquemos ayuda. Hay muchos recursos disponibles, hay organizaciones sin fines de lucro que nos pueden educar en la manera de organizar nuestros ingresos y nuestros gastos. Una vida de desorden y «gustitos» solo nos hará el hueco financiero más grande, no lo dude.

Otro gran engaño es que si nos sentimos tristes entonces salimos de compras… ¡peligro de naufragio financiero a la vista! Eso es lo mismo que curar nuestra ansiedad comiendo. El cuerpo en vez de guardar la línea guardará la circunferencia, y a medida que ganamos peso perdemos energías. De igual manera, a medida que compramos nuestras deudas engordan y llega un momento en que estamos enfermas del alma, del cuerpo y de las finanzas.

Ser una compradora compulsiva es algo muy serio y muy grave, es como estar enfermos de diabetes y seguir ingiriendo todo aquello que nos hace daño. Sé que, en primer lugar, después de reconocer nuestra adicción y nuestros malos manejos, debemos clamar a Dios por ayuda. Muchas familias se han ido a pique no solo por la adicción al juego y las apuestas, sino porque la señora no conoce el límite para gastar y gastar, sin un ápice de sabiduría, por supuesto.

Muchas veces las personas creen que contentarse con lo que tienen es ser conformistas, pero están en un error muy grande. El contentamiento para mí es una muestra de agradecimiento en especial a Dios, que es quien provee todas mis necesidades.

Cuando tenemos contentamiento con lo que poseemos podemos trabajar con alegría y continuar sirviendo a Dios con una pasión genuina, confiando en que siempre extenderá su mano para ayudarnos. Él nos ama con un corazón sincero y, por lo tanto, se preocupa y ocupa de nosotras y nuestras familias.

No se deje llevar por la idea de que las personas creen que los que tenemos contentamiento somos unos perdedores y conformistas, ¡no! La llamita que Dios ha encendido en nosotros para soñar y lograr metas no tiene nada que ver con el hecho de que nos conformemos con esto y ya. Podemos tener contentamiento porque hemos aprendido a confiar en Dios y porque sabemos que tiene propósitos únicos con cada una de nosotras. Yo, particularmente, creo que el contentamiento no tiene nada que ver con el conformismo.

El contentamiento da gozo, el conformismo trae consigo derrota y tristeza. El contentamiento es un tesoro hermoso que Dios deposita en nuestros corazones y no tiene nada que ver con las circunstancias. Es algo así como el don del gozo, que aun cuando estemos pasando por valles oscuros y desiertos, el gozo no nos deja. Más bien está ahí para alimentarnos y darnos fuerzas para salir de la circunstancia transitoria y seguir adelante.

Las riquezas de las mujeres que amamos a Dios y conocemos su corazón están tanto en el cielo como en la tierra y Él nos instruye con sabiduría para que gocemos en cada momento de ellas. Así que lo que seamos por dentro se reflejará en la manera en que llevemos nuestras finanzas.

Concluyo este capítulo diciendo lo mismo que al principio: «Dígame en qué gasta y le diré quién es».

7

El ser y el hacer

Durante muchos años —más tiempo de lo que hubiese deseado— anduve dando traspiés por no haber sabido distinguir entre ser y hacer. Esto trajo a mi vida caos y, por supuesto, un baño de lágrimas e insuficiente arrepentimiento.

Las mujeres de hoy sometidas a tanta presión, no solo la de sacar adelante a sus familias sino también entre otras la del plano profesional —ya que formamos parte del mercado laboral—, andamos como radio sin baterías, queriendo comunicar algo, un mensaje; pero del cansancio acumulado ya ni voz tenemos, y gente que nos quiera escuchar menos.

Queremos hacer tantas cosas que hasta nuestros hijos son víctimas de esa actividad frenética por sobresalir. Sin darnos cuenta, en un lugar del camino, el ser quedó desperdigado y el hacer ocupa su lugar, por lo que vemos a miles de personas haciendo y haciendo. Sin embargo, son actividades vacías, sin la música típica que emite la alegría de un corazón consciente de lo que es y de por qué está realizando tal o cual actividad. Como fondo musical solo hay una aburrida quejabanza.

Durante el tiempo que solo fui ama de casa y madre de cuatro hijos también me impuse cargas ridículas. Una de las que más recuerdo, ahora sin ansiedad, era la de mantener mi casa como un espejo esperando que esa pulcritud arrancara frases de admiración de los visitantes, aunque también arrancara lágrimas de dolor de mis niños y comentarios ásperos de mi esposo.

Era simplemente el hacer imponiéndose al ser. Si en ese tiempo solo hubiese sido una persona razonable, comprendiendo que una casa es para vivir, disfrutar y dejar vivir —sin aplicar extremos de pulcritud—, otra hubiera sido mi historia.

No pongo ni por un momento en duda lo agradable que es llegar a una casa ordenada y olorosa, siempre y cuando ese orden no sea una máscara bajo la cual se esconde alguien que solo puede sentirse bien recogiendo los comentarios agradables de los demás a costa de su salud mental y física, y —si es mamá—, la de sus hijos y —si es esposa— la de su esposo.

¿Y qué de las mujeres profesionales que se autoexigen metas para estar a la par de los caballeros? Esa es una carrera muy peligrosa que puede terminar, siendo optimistas, en el hospital; si no en una morgue o un cementerio.

Muchas veces he oído el refrán: «Caras vemos, corazones no sabemos y cuentas corrientes conocemos». Bueno, esto último se lo agregué yo, pues por el prestigio y una buena cuenta de banco ponemos en juego nuestra salud. Me gusta reflexionar en las vidas de las mujeres famosas, con suerte de las que se acuerdan de ellas, y me pregunto si sus vidas allá —en el interior de sus corazones— realmente fueron gozosas y no solo fue un caminar y luchar por el reconocimiento del hombre.

Hay millones de vidas que se desgastan solo por ser reconocidas. Vidas que no han encontrado todavía la llave de la libertad, que es hacer *todo* para Dios. Si hay reconocimiento del hombre, muy bien; si no, pues no importa. Después, hay que superar el efecto de un hígado pinchado —algo así como el ego del mío—, si acaso tiene, no ejercerá poder sobre mi estado de ánimo y el deseo de seguir adelante.

A veces nos sorprenden las mujeres que son «naturalmente» jóvenes (las que no han visitado a su amigo el cirujano plástico) y hay en ellas como un brillo especial; esto es solo por el hecho de que ya han descubierto que para sentirse bien no es absolutamente necesario el aplauso. Solo les basta saber que Dios aprueba su trabajo y siguen adelante.

El hacer solo puede ser especial y dar frutos cuando el ser está en armonía y bajo la dirección sabia de Dios, de otro modo seremos capaces de hacer miles de piruetas y recibir el premio efímero del aplauso, pero ese es un hacer vacío y desprovisto de gozo.

Le pregunto hoy: «Mi amiga querida, ¿le gustaría realizar actividades de una manera diferente bajo la dirección de Dios y salpicar su entorno con alegría?» Este es el momento de reflexionar y revisar su agenda. Sé que es lindo recibir invitaciones pero, ¿están listos su mente y su cuerpo para aguantar ese trajín? ¿Es necesario que seamos el florero de todas las mesas?

Ahora, sí, ya mismo, establezca su orden de prioridades y empiece a atreverse a decir: «Gracias por la invitación, te lo agradezco de corazón, pero será en otra oportunidad». Ese es un acto de valentía, si no dígamelo a mí que, en esta carrera de escritora, servidora pública y en medios de comunicación, he tenido que literalmente amarrarme los pantalones y establecer el orden de prioridades entre el ser y el hacer. Esto ha sido parte de mi crecimiento y de mi proceso de sanidad en todos los sentidos. He comprendido que una mujer sana forma y dirige un hogar sano.

Y, además, ¿de qué sirve estar desbocada en muchas actividades si un día se verá obligada a detener su carrera porque ya ni sus nervios ni su cuerpo resisten? Piénselo y actué, está viva. ¡Está a tiempo!

Le dejo esto en su corazón: «Encomienda tu obra al Señor, y tendrás éxito», Proverbios 16.3.

8

¿Resbalones? ¡Ah!...
pero me pongo en pie

Me gustan mucho unas tarjetitas que compré con el propósito de darles aliento a mis amigas que a veces andan de capa caída. Yo también me aplico esta misma medicina, el mensaje dice algo así: «Las mujeres valientes no son grandes solo por estar en pie, lo que las hace grandes es que cuando se caen tienen la fuerza para levantarse y retomar el camino». Eso me gusta mucho porque encuentro una gran verdad.

Muchas veces, cuando vemos mujeres triunfadoras, poco o nada nos ponemos a pensar en las ocasiones en que debido a las circunstancias de la vida tuvieron que sentarse en las veredas muy desanimadas. Es muy posible que se hayan tomado su tiempo para sentirse las más abandonadas del universo, pero acto seguido y sin mucha pirueta, ¡se pusieron en pie dispuestas a retomar el camino! No iban a echar por la borda lo ya recorrido.

No me cabe duda de que cuando pasee su vista y su corazón en este capítulo estará de acuerdo conmigo y llegue a la conclusión de que así como no todo el tiempo es de noche, de igual manera no todo el tiempo es de día. Esto nos enseña que no podemos estancarnos en el lloro, mordiendo el polvo, pues no es nada saludable ni para nosotros y mucho menos para los que aman verse en el suelo y no hacer ni el menor intento por seguir adelante.

Son muchas las ocasiones en que literalmente he deseado «tirar la toalla» o «colgar los guantes», pero entonces me pongo a pensar de qué me ha servido reconocer que con Dios todo es posible para ahora contradecir eso y convertirme en pregonera de que no funciona así.

Por mi carácter, lleno de humor, me gusta comprar ese tipo de tarjetas con diseños simpáticos, y esa en especial que les comento tiene la caricatura de una niña muy delgada, con pelo corto, un gran lazo y unas patitas flacas que parece que se le van a quebrar. La niña anda en unos patines mientras que en su rostro hay un semblante de paz y gozo enorme.

Esta muchachita flacucha me trae recuerdos de cuando yo era niña. Todavía hoy día tengo las patitas flacas y el gozo en mi rostro es un reflejo del gozo y la paz que Dios me ha puesto en el corazón.

Nunca aprendí a patinar, pero eso no ha impedido que incontables veces haya tocado el polvo sin un patín ni una cáscara de banano en la escena. Las cáscaras de banano que el enemigo pone son el desaliento, el creer que no hay salida, la duda, y por supuesto la falta de fe, la ira, la envidia y ¡uf! para qué seguir mencionándolas. Hay suficientes razones para echarnos a llorar y gastar cajas y más cajas de papel tisú pues el camino de las lágrimas y el desaliento es tan largo como un rollo de papel higiénico.

Parece chiste pero no lo es. Sabemos que somos seres tripartitos: Con un espíritu, un alma y morando en un cuerpo.

Por lo tanto, la verdadera sanidad es cuando nuestro espíritu está alimentado por la Palabra de Dios. De esta manera, al estar el espíritu saludable afectará al alma, que se pondrá a tono, y el cuerpo, por supuesto, responderá muy bien. No es asunto de que me mate en el gimnasio hasta caer exhausta, pues el buen cuerpo no es suficiente como para mantenernos en pie.

Cuando mi hijo Rodrigo estuvo en su servicio militar activo nunca dudé que estaba muy bien entrenado pero, como madre y mujer renovada en mi espíritu, sabía que él necesitaba mi palabra de aliento que ya había sido influenciada sanamente por la Palabra de Dios, quien al mismo tiempo me mantenía en pie con un hijo tan amado como mi Rodrigo luchando en tiempo de guerra. Solamente así es posible, buscando y esperando en Dios, no conozco otra manera de mantenerme en pie.

Algunas veces andaba llorando por los rincones y llorando, pero Dios me levantaba y llenaba de ánimo. Siempre tuve fe en que como ningún hijo se salva de la oración de una madre, él estaría a salvo cubierto por la sangre de Cristo.

Si está de rodillas, no porque esté orando sino por el desánimo porque algunas circunstancias de la vida la hayan presionado, le ruego con todo mi corazón que clame a Dios y le pida que le dé la fuerza para ponerse en pie.

La situación del mundo no está precisamente en vías de mejorar, pero los que conocemos a Dios y sabemos como hace las cosas debemos ver el mundo desde nuestros patines y no debajo de ellos. Nuestros hogares nos necesitan ¡en pie!

Dios nos creó a las mujeres para que además de arrullar y cantarles tonaditas tiernas y hermosas a nuestros bebés estemos listas para sostenerlos en cada etapa de sus vidas. Y muchas veces lo hacemos tras bastidores, pues ellos deben vivir su propia vida.

Mi esposo y yo caminábamos un día como solemos hacerlo, con la mayor frecuencia posible, para conversar de asuntos que nos conciernen y buscarles la solución. Recordábamos cuando salíamos con la tropa y ahora no había eco detrás de nosotros y llegamos a la conclusión de que ya estamos lejitos en las vidas de nuestros pollitos, pero ahora nuestras alas deben cubrirlos en oración. Así es mi querida amiga, si pensó que ya se iba a retirar solo puedo decirle que tal vez ya no tenga que cambiar pañales, ni calentar biberones, tampoco correr por todas las escuelas, pero le cuento que en su posición de retaguardia ¡hay mucho por hacer!

Así es que más le vale mantener «engrasado y entonado» su espíritu con la Palabra de Dios para que su alma esté animada y su cuerpo listo para cuando se presente el momento de ayudarlos a levantarse o bien cuando a usted le toque ayudar a sus nietos a dar sus primeros pasitos.

Le sugiero que, si al igual que yo no aprendió a patinar jovencita, es mejor que no lo intente porque ahora si que su aterrizaje causará risa y las consecuencias no serán tan divertidas. Solo me acuerdo cuando a mis cuarenta y cinco años intenté aprender a manejar bicicleta, fue un soberano ¡desastre!

Me tuvieron que remolcar de bicicleta a bicicleta, es uno de los ridículos más estremecedores de mi vida y no paro ahí, ya que estuve varios días en cama porque el aterrizaje tuvo consecuencias. Así es que, como podrá ver, le habla la voz de la experiencia. No eche en saco roto mi consejo...

Y de nuevo, lo importante no es cuántas veces nos caigamos; y que este resbalón no sea, por ejemplo, como cuando andamos arrastrando el ánimo como trompa de elefante o que después de ciertas situaciones caminemos como arañas fumigadas, pero ¿sabe qué? No podemos dejarnos caer y levantarnos esperando que todo se dé por sí mismo, sin el menor esfuerzo, pues eso es más o menos esperar hasta que a la rana le salgan pelos y se peine a la moda ¡con un hermoso lazo rojo! Aquí sí que la veo mal, mi amiga querida.

Jesús nos ha mostrado miles de veces que aunque no tengamos fuerza y valor, estos vienen de Él y en Él todo lo podemos. Entonces, ¡a ponernos en pie y adelante!

Para atrás, mi amiga... ¡ni para tomar impulso!

Nuestros hogares nos necesitan en pie y si hay alguna cascarita de banano o de mango, tírela a un lado y siga su camino. Con el Señor todo es posible, créalo, yo lo vivo día a día. ¡Usted también puede lograrlo!

9

Hijos grandes... problemas grandes

¿Le suena familiar este refrán tan lleno de sabiduría? Hace unos cuantos años cuando escuchaba esto de boca de personas mayores, especialmente de una mamá, me parecía un poco exagerado y lleno de drama. Sin embargo, al correr del tiempo y mientras veía a mis hijos dejar los pantalones cortos por los de vestir, las bicicletas por los automóviles y las tareas de la escuela intermedia por asignaciones de escuela superior, me di cuenta de que las situaciones que debemos enfrentar y resolver a medida que van creciendo nuestros hijos son de mayor envergadura. Si no nos agarramos fuertemente de Dios, es muy poco o nada lo que podemos hacer solo contando con nuestra experiencia.

Cuando los vemos dormir en sus cunas, nos da la impresión de que la adolescencia está muy lejos y que la vamos a enfrentar muy fácil, pero cuando empiezan a caminar y a querer «circular» dependiendo de esos piececitos temblorosos, nos damos cuenta de que han venido al mundo con voluntad propia.

Estoy aquí frente a mi computadora y vienen a mi mente como una película los tiempos en que montábamos todo al carro y nos íbamos a acampar a la orilla del mar, en un hermoso lugar llamado Punta Leona, Costa Rica. Qué días aquellos con los chiquillos todos sucios, correteando todo el día en la playa. Si no era pescando era jugando con las olas, construyendo castillos, haciendo huecos;

apenas se paraban frente a la carpa para comer algo y seguir jugando. Ya al atardecer los llevaba a darse un buen baño para sacarles todo la mugre recogida en el día, les ponía crema, su colonia de bebé para que olieran rico y sus pijamas limpias, a comer y a dormir.

Daba gusto verlos dormir profundamente después de tanto ir y venir en la arena y jugar en el agua. Al comienzo, estaba demasiado pendiente de que comieran y vigilándolos muy de cerca todo el día hasta que mi esposo me dijo: «Déjalos disfrutar, a lo mejor esto no lo vuelvan a tener, nosotros estamos aquí a escasos metros de ellos pues hemos levantado la tienda de campaña en la playa; si tienen hambre, te van a pedir comida, déjalos ser libres».

Y cuanta razón tenía, en realidad no era nada complicado dejar sueltos a esos chiquillos revoltosos que por la noche caían redondos de cansancio. Así fue que Roger y Rodrigo disfrutaron de sus días de campamento y por ello aman tanto al mar.

Al venirnos a vivir a Estados Unidos, la vida les cambió casi radicalmente. Aunque nos esmerábamos por llevarlos a pasear cada fin de semana, una vida nueva, un sistema nuevo, una libertad más controlada.

Fueron pasando los años y nos tocaba ya resolver situaciones de muchachos jóvenes que ahora no era asunto de corretear en la playa bajo la mirada de su padre y yo, sino por su propia cuenta y sin nuestra mirada sobre ellos. Ya empezaba a dar fe de que aquello de «hijos pequeños, problemas pequeños; hijos grandes, problemas grandes» cobraba verdadero significado en nuestras vidas.

Yo, que había vivido mi adolescencia encerrada en un colegio interna, sentía que el mundo se me venía encima cada vez que había que dar permisos. Fue una etapa muy fuerte para mí soltar a mis muchachos, era una inseguridad tremenda. Si no hubiera tornado mi mirada a Dios, tanto mi salud mental como física hubiesen sido muy afectadas.

El proceso del vientre a la cuna, de la cuna al corral, del corral a los primeros pasos, de estos al kinder, luego a la escuela primaria, creo que transcurre con desvelos y cuidados directos, con niños relativamente obedientes. Pero si en esa etapa no edificamos bien al joven del futuro, cuando apenas tengan sus alitas un poco afianzadas se levantan y no siempre para volar en cielos celestes y plácidos sino muchas veces para remontar vuelo y, como no están listos, caer en picada y nosotras con ellos.

Recuerdo que cuando me veía con «solicitudes» de permisos para salir, sentía que el suelo se me estremecía. En momentos así es cuando necesitamos de un esposo y padre *presente* y *activo* en nuestras vidas y las de nuestros hijos, para que nos den la mano en la crianza de estos.

Debido a mi trabajo, constantemente tengo contacto con madres solas en el proceso de criar y formar hijos adolescentes. Les aseguro que quisiera poder hacer más por ellas, pues las veo cansadas y tristes ya que los hijos están pasando por una etapa de rebeldía tan fuerte que algunos hasta les han levantado la mano para pegarles. Sus almas y sus cuerpos pasan por un momento de deterioro.

No es fácil, pero es posible con la ayuda de Dios poder mantenernos en pie y sobrepasar esa etapa que no es otra que la que nuestros hijos están sobrellevando también para afianzarse como adultos.

Quiero decirles que he llegado a la conclusión de que la única profesión de la que una nunca se retira es la de madres, por eso es mejor que tomemos conciencia de esto para poder mantenernos sanas y, por ende, formar hogares sanos.

Con cuatro hijos, tres de los cuales ya formaron sus propias familias, sé que ahora vigilando a la distancia, por decirlo de alguna manera, debo estar en excelente condición espiritual, emocional y física pues llegan los nietos. Y aunque no son mi responsabilidad directa, estoy en la retaguardia para darles una mano a nuestros hijos cuando lo necesiten y, además, ¿para qué estamos las abuelas?

A mí no me pueden venir a echar cuentos. He ido viviendo cada una de las etapas de mis cuatro hijos, dos varones y dos niñas ya casi mujeres, y con cada uno me ha tocado a veces cruzar el Niágara en bicicleta con circunstancias en que no veía la salida y como respuesta me daba un fuerte dolor de cabeza. Si no hubiera sido porque Jesús llegó a mi vida en el momento preciso, hoy no estaría escribiendo este capítulo para decirle que no hay otra solución mejor para resolver los problemas y rebasar las etapas de la vida de nuestros hijos.

Hoy, por ejemplo, mi hijo Rodrigo que está en Corea del Sur sirviendo en el ejército de Estados Unidos, está a punto de regresar de su servicio activo para enrolarse en la reserva. Lo estamos esperando con alegría, pero también conscientes y listos para ayudarlo en su etapa de adaptación fuera de la vida activa del ejército, la que sé que será un gran reto para él y su esposa. Aquí papá y mamá, en la vereda del camino, en posición de firmes para tenderle la mano al que llega. No será fácil pues yo en mi trabajo veo y ayudo a los soldados que llegan y esa adaptación no es nada sencilla.

Por otro lado, María Alexandra esperando el nacimiento de Lucas, ahí de nuevo debemos estar en «forma» para ayudarla a estrenarse como mamá, hay que alistarse e ir hasta la ciudad donde vive y estudia.

Por el momento, Roger Francisco tiene un muy buen empleo y, aunque siempre está inquieto por superarse, todo esta más o menos estable. Luego ya la «benjamina» de la casa termina su escuela superior y se va a estudiar lejos de casa, por lo que hay que llevarla y dejar partir parte de nuestra vida y de nuestro corazón. Ella debe enfrentar ya la vida con sus propios recursos pero… ahí la mamá y el papá —como en los viejos tiempos en que acampábamos con todos ellos a la orilla del mar— a distancia pero vigilando y listos para tenderles el salvavidas.

Querida amiga, le cuento todo esto para que no se desanime ni se sienta cansada y sin remedio, todo lo contrario. Lo comparto con usted porque quiero que tome conciencia de que nos podemos retirar de nuestros trabajos y hasta recibir una pensión que nos dé para vivir decorosamente, pero de la profesión de madre no nos retiraremos nunca ya que los lazos que nos unen con ellos van más allá de la edad y la vida que nuestros hijos escojan.

Estamos atados a ellos en sus aciertos y desaciertos, en sus triunfos y sus derrotas, en sus alegrías y en sus tristezas. Ya no es de aquella forma sencilla cuando resbalaban o uno le quitaba el juguete al otro, o cuando lloraban inconsolables en nuestro regazo. En aquellos tiempos, solucionábamos el asunto con un regaño y amor, y seguían jugando como si nada.

Cuando crecen, más que un regaño, necesitan un consejo sabio; y más que una curita, les hace falta un abrazo que les haga sentir que a pesar de que están metidos en una situación difícil, su madre les ha enseñado que todo problema es pequeño ante la grandeza de Dios todopoderoso y que de esta —con su ayuda y el apoyo de sus padres— podrán salir adelante. No como cuando eran chiquitos, que con una tontería se arreglaban las cosas, pero sí con la absoluta certeza de que aquel Dios que conoció de niño sigue estando ahí para ayudarle ahora que es grande y los problemas que enfrenta también lo son.

Si cuando criábamos aquella pequeña tropa debíamos cuidar de nuestra salud, eso no ha cambiado pues seguimos ya con menos rigor al frente y conscientes de que una mujer sana forma hogares sanos.

10

Los sueños

Este tema me fascina. Si una alimentación balanceada y una rutina de ejercicios son sumamente importantes —como el combustible necesario para nuestro cuerpo— creo que los sueños son el combustible de nuestra alma.

En este departamento de mi vida creo que puedo decir que Dios me ha dado una gracia y favor tremendos, pues cuando Él deposita sus sueños en mí tengo la absoluta certeza de que se harán realidad.

Cuando una persona no tiene capacidad de soñar porque se siente demasiado realista es porque no se ha dado cuenta de que los sueños son la llave para encender el motor de la vida y para alcanzar las metas propuestas.

En una de las tantas entrevistas que me hacen a través de los diferentes medios de comunicación, una persona me preguntaba que en qué me inspiraba para escribir mis libros y cuál era mi motivación. Le contesté que mi musa eran las personas y mi motivación unirme a ellas en el camino de la vida brindándoles —a ellas y a mí misma— una dosis necesaria de ánimo para cambiar algunas cosas en nuestra vida, las que son o actúan como grilletes que no nos dejan avanzar.

Si ya ha leído uno de mis libros o si apenas me está conociendo, sentirá en su corazón que este es el momento ideal para ponerse las pilas, como solemos decir en América Latina, y retomar esas ilusiones que por estar tan ocupadas dejamos relegadas en el camino.

Pienso que aquello de «soñar no cuesta nada» no siempre es cierto, pues hay personas que no se atreven ni siquiera a anidar un sueño en sus corazones ya que las persigue el desaliento o el temor a fracasar de nuevo. Sin embargo, si no asumen una actitud firme y dispuesta, sus corazones siempre estarán experimentando una sensación de aridez. Y es que los sueños son como ese rocío matutino que reanima a la naturaleza.

Las mujeres tenemos fama de ilusas, esta expresión la he escuchado más de las veces que hubiese deseado. Pero lo que menos me agrada es que la he oído de boca de la persona que jamás hubiese deseado. Por otro lado, no obstante, en el oído de mi espíritu, por decirlo de alguna manera, un Dios que todo lo puede —y que me ama como a hija única— me hace saber tiernamente que debía albergar en mi corazón sueños que en su propio corazón ya tenía para mí.

No se equivoque cuando vea a una persona exitosa o gozosa. No crea que no ha tenido que anidar y proteger esos sueños en el corazón ni que no ha tenido sus propias batallas para continuar soñando y actuando en pos de alcanzar sus metas, consciente de que si deja morir sus sueños también ella morirá con ellos. ¿Es duro? Pero así es.

De eso estoy más que segura porque lo vivo en este caminar escribiendo libros, trabajando en un medio donde hay talentos excelentes y en el que abrirse un lugarcito para decirle al potencial lector: «Aquí estoy yo, vale la pena que considere y compre mi libro» es muy duro, tanto en el medio secular como en el cristino. Y a esto le sumamos las personas que, en vez de animarnos, tratan de bajarnos de la nube. Como si no fuera poco, además de escribir tenemos que trabajar a tiempo completo para poder vivir. ¿Le parece que no hay cómo ahogar los sueños? Por supuesto que sí. Si no lo cree, pregúnteme.

Pero no vamos a llorar sobre la leche derramada ni a ponernos a considerar las piedras en nuestro camino. Estoy aquí para que nos levantemos y, en vez de estar todos decaídos, nos pongamos en pie y retomemos el camino para oxigenar nuestras vidas. Una de las maneras más lindas de hacerlo es abrigando sueños y luchando por ellos.

Cuando me toca hablar de esta área ante mis alumnos, me lleno de gozo por la oportunidad de expresarles ese proceso tan hermoso que antecede a la cosecha. Y es que primero concebimos los sueños en nuestro corazón, los arrullamos y hasta les cantamos pero, como el proceso de crecimiento normal de un niño después de amamantarlos, debemos ayudarlos a crecer y a caminar. Cuando son bebés, son sueños y a medida que van creciendo se convierten en metas, y cuando su desarrollo avanza se convierten en realidad, de modo que cuando maduran recogemos sus frutos.

Si en este momento está pasando por un tiempo duro, gris, colmado de desánimo, quiero decirle que lo siento, pero más lo siento si se queda anclado en el lago de la desesperanza ya que —además de ahogar sus sueños— su vida no tendrá sentido.

Quiero decirle que conozco a muchas personas que un día estaban de lo más contentas llenas de ilusión, pero no tuvieron la suficiente madurez como para pelear por lo suyo y hoy están llenos de «si solo hubiera...». Cada vez que emiten alguna opinión está llena de veneno ya que obviamente detrás de un corazón herido hay un hígado activado por toda esa bilis, de pies a cabeza.

Desgraciadamente todos estamos expuestos a eso, pero también todos podemos confiar en Aquel que todo lo puede y que puede cambiar nuestra realidad. Créanme que a veces yo misma he estado con deseos de mandar todo a volar, porque el camino se pone empinado. Sin embargo, si el enemigo del hombre y la mujer se encarga de hacernos la vida de cuadritos, nuestro Dios tiene todo el *poder* para modificar esa realidad si, y solo si, somos fieles y valientes para perseverar.

Cuando recuerdo todas las obras maravillosas que Él ha hecho con seres humanos comunes y corrientes como yo, me avergüenzo de mi actitud perdedora y me digo: «Y entonces, Hada María, ¿acaso tu entusiasmo es dominguero y a la primera saeta del enemigo tiemblas y cambias de parecer?» Ante eso retomo el camino de mis sueños viéndome ya en acción y haciendo de ellos una realidad.

No tenga miedo, no retroceda al primer inconveniente. En este caminar me he dado perfecta cuenta de que esas situaciones difíciles me han hecho crecer y me han ayudado a buscar opciones. Claro que a todos nos gustaría que cada sueño que tenemos se realizara casi al chasquido de los dedos, pero los sueños solo son esa melodía que nos acompaña durante el tiempo necesario para lograr las metas y también son, como lo he dicho miles de veces, el rocío que necesitamos para sentirnos vivas y frescas.

No sé cómo lidia con su vida, pero quiero decirle que como sé que soy una persona con poca capacidad para concentrarme, no me queda otra que escribir todo. Esa es la manera de seguir enfocada en lo que un día Dios deposita en mi corazón. Los sueños también necesitan una agenda, ya que si no se vuelven solo eso, sueños, que igual que el rocío fresco de la mañana se evapora.

Quiero invitarla a que se comprometa primero con usted misma a escribir esa melodía que dará vida a su existencia, y le exhorto a que sea completamente capaz de *confiar* en Dios en este nuevo caminar soñando conforme al corazón de Dios, pues es la única manera en que le puedo garantizar que —a pesar de los murciélagos emocionales que le rodeen— usted podrá sobrevivir con sus sueños.

Así como le sugerí que los escriba, le propongo que los clasifique. Muchas mujeres hemos sido educadas con la idea de que tener sueños con nosotras mismas es un signo de egoísmo. Cuando superé esos «vestigios» de mi formación, me sentí libre y empecé a tener sueños en los que yo era la protagonista. Uno de ellos era ser escritora, que nada tenía que ver con mi faceta de madre y esposa.

Soñé con tener un trabajo en el cual pudiera poner mis talentos a trabajar para mí y para los demás. Hoy mis dos sueños son realidad, ya que no solo me limité a soñar sino que le *creí* a Dios, por lo que me puse a trabajar conforme su plan me lo indicaba.

Ahora estoy soñando con otras cosas, enfrento otros retos que debo identificar y clasificar debidamente, lo que me permitirá ir avanzando simultáneamente y sin problemas. Dios sueña con nosotros. Démosle la oportunidad de hacerle saber que estamos felices por ser parte importante de sus sueños y que estamos dispuestas a *honrarlo* con una actitud correcta para soñar y vivir.

Espero que si se mantiene en contacto conmigo, sea partícipe de esa realidad. Sueño con mis hijos, mis nietos, una vejez tranquila, una casa con un estudio independiente, sin que el ruido de la gente me distraiga para seguir escribiendo. Sueño con volver a Nicaragua, con viajar a varios países como Chile y el pueblo de mis padres, de donde salí hace demasiados años, aunque en compañía de mi querida hermana gemela. Anhelo visitar la casa de mis padres, su tumba, la finca donde tantas veces jugamos, el arroyo —si aún existe— donde pasaba tardes enteras en compañía de mis pensamientos y las cientos de mariposas amarillas.

Solo me resta pedirle que compre una libretita y, en esos momentos de intimidad con Dios, le pregunte —como hice un día cuando sentía mi alma árida—: «Padre, ¿qué tienes para mí?»

Prepárese, Dios siempre habla tiernamente, pero en serio.

11

Misionera de tacones altos

Este capítulo está dedicado a todas a aquellas mujeres que se sienten tristes porque sentían un llamado a ir por el mundo llevando el evangelio pero las circunstancias de la vida les truncaron sus deseos de recorrer valles y montañas hablando de las maravillas de nuestro Salvador.

Les tengo grandes noticias. No más frustración por no estar en África o en el Amazonas prodigando las nuevas del evangelio y llevando consuelo al afligido, les cuento que desde su propia realidad pueden llevar el mensaje de salvación. Tal vez no a lomo de mula o montadas en un camello, o en una canoa río arriba; pero si usando como medio de transporte el tren, un lujoso automóvil, una motoneta o qué sé yo. Pero con un corazón dispuesto a que el plan de Dios se cumpla en sus vidas.

¿Por dónde empezamos? Muy fácil, por retomar sus sueños y pedirle a Dios que les dirija en su llamado a llevar las buenas nuevas de salvación. El reino de Dios debemos establecerlo dondequiera que vayamos. Dondequiera que haya un militante del evangelio es el lugar oportuno para pararse en la brecha y echar las redes, así sea en una oficina gubernamental.

Aunque cada una de nosotras está llamada a llevar la buena nueva, a servir a Dios con toda su alma y con todo su ser, no siempre tenemos las condiciones para movilizarnos de un lugar a otro.

Nuestra realidad como esposas y madres no nos permite andar de arriba para abajo, más bien nos establece un lugar para ministrar: el hogar. Desde ahí debemos pedirle a Dios que nos dé la oportunidad de servirle.

Estoy más que convencida que Dios quiere encomendarnos algo dentro de nuestra realidad. Hay mujeres que han sido llamadas para andar por las naciones mientras otras lo han sido a quedarse donde están. Claro que no estáticas ni frustradas. El hecho de que Panchita se haya ido de misionera no me debe molestar. Ni es para que murmure: «Es que Dios le da pan a quien no tiene dientes». Al contrario, alégrese por ella.

Dios nunca se equivoca y si nos llamó para servirle desde nuestro entorno, pues que así sea. No podemos dejar pasar esa gran oportunidad ni de chiste. Basta ya de estarse lamentando por los «si hubiera...» o los inconvenientes para salir en misiones. La misión que Dios nos encarga la tenemos aquí mismo, frente a nuestros ojos.

He tenido oportunidad de relacionarme con mujeres hermosas en el Señor, que un día entendieron muy bien su llamado y sin perder tiempo en lamentaciones se apropiaron del propósito de Dios, y desde sus mismas cocinas empezaron sus ministerios.

Un día escuché la historia de una ama de casa con tres hijos que empezó sus cápsulas radiales desde la mesa de la cocina de su casa y hoy su voz recorre todo el mundo. Claro que ella, hasta con cierto romanticismo, se veía como misionera, aunque recibió su llamado cuando tenía tres niños. Lo cierto es que aquel sueño de salir por el mundo ya no era físicamente posible, pero su voz —a través de las ondas de radio— están alcanzado muchas vidas. Tuvo la gran oportunidad de servir a Dios desde su mismo hogar, ¡qué maravilla! Y no la desperdició, más bien la entendió y la aprovechó.

Yo también, después de mis primeros libros, me veía yendo y viniendo, dando conferencias en muchos países pero, ¡sorpresa! tengo cuatro hijos y un esposo que no tiene la misma visión mía.

Así es que Dios me ha favorecido con oportunidades maravillosas llevando su mensaje, pero desde mi ciudad, dándome gracia y favor con las casas editoriales, los medios de comunicación y mi propio trabajo. Por eso creo que hay una gran generación de misioneras de tacones altos.

El Señor que conoce mi corazón y mi ardor por servirle y que sabe que no puedo andar de arriba para abajo, me da la oportunidad de servir a personas con necesidades y situaciones realmente difíciles en mis horas de trabajo. Me toca ayudar a personas con problemas de abandono, sometidas a toda clase de abusos y más.

Esas personas llegan muy heridas a mi oficina y en franca y total oposición a estar varias semanas conmigo recibiendo instrucción. Les permito que dejen salir su enojo y poquito a poco —y con gran gozo— veo cómo Dios va dando lugar al cambio. Por ello a mi aula de clases la llamo el cuarto de las mariposas, ya que cuando terminan su periodo de clases salen muy diferentes.

Siento que mi campo misionero es ahí, en esa aula de clases, y me siento muy feliz por la oportunidad que Dios me brinda de ser un instrumento de cambio para esas personas. Él me ha llenado de gracia y favor para llegar a sus corazones con la dedicación y compasión que ha puesto en el mío, pues este tipo de trabajo no se puede hacer si uno no recibe gracia de parte de Dios y, por ende, verdadero amor y pasión para poder realizarlo.

Cada día debo ir a mis clases revestida de sabiduría y vestida como toda una profesional con chaqueta, collar de perlas y tacones altos, ya que mi apariencia es necesaria para proyectar en ellas una imagen positiva.

Me gusta haber descubierto una manera de motivarlas durante esas semanas que pasan conmigo y al final les pongo en una cajita —con un gran lazo— un collar de perlas con una porción de la Palabra de Dios. Les digo que ellas son perlas preciosas para Él, se ponen realmente felices y llevan en su corazón el amor de Dios y la preparación para buscar su trabajo.

Me siento una misionera de tacones altos cada vez que realizo mis segmentos de radio que se trasmiten mundialmente y lo mismo siento cada vez que voy a la televisión a programas de difusión internacional como el *Club 700, Enlace, Despierta América* de Univisión, *La Voz de las Américas*, Telemundo y otros. El Señor me lleva a las naciones sin necesidad de tomar un avión, ¿no es maravilloso? Todo lo que se requiere es que nuestro corazón esté dispuesto.

Hoy está de moda que hay que tener megaiglesias y estar en todos lados hablando a miles de personas para ser alguien «delante de Dios». Recuerdo en una ocasión, después de haber viajado muchos kilómetros lejos de casa, participé en una conferencia de mujeres. Como mucho habría unas doscientas cincuenta asistentes y cuando regresé a mi cuarto del hotel encendí la tele y me encontré con uno de esos predicadores que constantemente están haciendo énfasis en los números. En la intimidad con el Señor recuerdo que le dije: «Bueno, Padre, ¿tantos kilómetros con tan poquita participación? Según dijo ese siervo tuyo en la tele, los números son demasiado importantes...» No había terminado yo de verter mi frustración cuando Él me trajo a memoria lo siguiente: «Te he traído hasta aquí porque conozco tu corazón, tus deseos sinceros de servirme, pero te voy a decir algo, si es por asunto de números cada vez que te abro las ventanas de una de las cadenas de televisión mundial te recuerdo que hay un promedio de quinientos millones de televidentes, y cuando te abro la ventana de la radio el número de oyentes es enorme. Así que si es asunto de números, te recuerdo que ya los tienes. Aprende a disfrutar y si solo te pongo una o dos personas para hablarles de mí, cumple tu misión».

De verdad que me sentí avergonzada ante Dios y conmigo misma. Querida, si alguna vez se ha sentido frustrada como yo por no poder ir en misión y si le ha dicho a Él que su corazón le pertenece y que le indique la visión, Él le dará conforme a Sus planes y usted se sentirá plena y útil, dispuesta a servir dondequiera que determine ponerla, de acuerdo a Sus planes y conforme a los talentos suyos.

Así que si le toca ser misionera de tacones altos desde una posición ejecutiva, en un avión, una oficina de abogados, un restaurante, una agencia de viajes o una dedicada a la renta de automóviles, una tienda, un salón de belleza... ¡adelante! Dios nos necesita en todas partes, no porque no sea capaz si no porque somos sus manos y sus pies en la tierra.

Me siento realmente feliz viendo que una vez más suple mi necesidad: servirle desde mi propia realidad. Ni de tonta voy a perder este privilegio de servirle a través de toda persona que me envíe y necesite de mi ayuda.

Claro que, en un futuro —cuando Él lo estime apropiado— quiero ser conferencista y llevar mis libros a todos lados, pero solo cuando Él trace mi ruta y mi nuevo plan de trabajo dentro del reino. Mientras tanto, seguiré siendo misionera de tacones altos. Llevaré el mensaje a través de todos los medios de comunicación que me facilite y seguiré escribiendo libros. Estos llegarán por mí a los confines de la tierra, hasta que un día me una a su caminar y en persona los pueda presentar y ver el rostro de las personas, abrazarlas y darles personalmente las gracias por recibirme en sus corazones y en sus ciudades.

Mientras tanto, me pinto los labios, me pongo mi collar de perlas y calzo mis tacones altos. ¡Nada me detiene para servir a mi Señor!

12

Hay que saber vivir

Este capítulo deseo dedicárselo a mi madre y también a mi suegra. Ambas ya están disfrutando de las promesas de Dios en el cielo y en cierto modo me influenciaron para corregir este carácter tan nicaragüense, herencia de mi padre, que tantas veces me ha expuesto a situaciones un tanto embarazosas. Sin embargo, mi padre también dejó en mí un legado muy fuerte: trabajar tenazmente por lo que deseamos lograr. También es herencia de papá su espíritu mañanero ya que amaba el campo y disfrutaba de los primeros rayos de sol. Soy una digna hija tuya papá, una incorregible «dama de la mañana».

A medida que desarrollo este tema recuerdo a mi madre «sudando petróleo» ante las opiniones, especialmente políticas de mi papá, y esperando el momento justo para dejarle saber que si bien era cierto que era libre de dar su opinión no menos cierto era que en un país como el nuestro antes de hablar sobre tan escabroso tema hay que pensarlo muy bien. Él, de mala gana, tenía que aceptar que —como casi el noventa y cinco por ciento de las veces— mi sabia madre tenía la razón, no en vano él ya había vivido la dura experiencia de haber sido encarcelado por una de las dictaduras que azotaron con dolor a nuestra amada y sufrida patria.

Mi madre tenía como ley esto y lo practicaba: «Hija, en la vida tres cosas son menester: saber dar, saber recibir y saber pedir». ¡Y es tan cierto! Y para todas hay un denominador común: saber vivir.

El dar es una de las cualidades más hermosas, pero no se nos enseña en esta área de nuestras vidas, pues nos encanta recibir. A ella siempre la vida le estaba extendiendo sus manos para darle, era una especialista en eso, no siempre la abundancia económica fue parte de nuestras vidas, pero en ella la abundancia de su corazón nunca cambió de residencia, siempre estaba ahí, sabiamente lista para dar.

Y ¿por qué sabiamente lista para dar? Porque no siempre es el momento oportuno, especialmente para dar un consejo. Las personas no siempre están en su mejor momento para que alguien les extienda la mano con un consejo o para que les brinden ayuda financiera, pues hay situaciones en la vida tan críticas que si deseamos ayudar a alguien hay que esperar la oportunidad. Quiero contarles una anécdota muy especial que me sucedió.

Mi esposo y yo estábamos decididos a mudarnos de casa debido a que los colegios de los niños en un distrito escolar mejor me obligaba a manejar dos horas por la mañana y dos por la tarde. Llevaba muchos años en ese trajín y me sentía cansada pues cuatro niños, en cuatro escuelas diferentes, era tarea seria. Cada quien eligió el vecindario en el cual le gustaría vivir, así que nos dividimos la búsqueda a ver quién lo encontraba primero. Yo, de manera automática, tomé la ruta como si fuera para las escuelas de los niños y decidí detenerme en la iglesia para orar y pedirle dirección al Señor, ya que era un paso muy importante.

Sin embargo, me encontré con que todas las puertas estaban cerradas, así que pensé que Él no habita en templo hecho por manos de hombre, y me busqué un rinconcito para orar. Cuando ya salía a abordar mi carro noté que en una banca, una mujer lloraba con gran dolor en su corazón. Sentí deseos de acercarme y consolarla, pero me fui a mi carro pensando en qué diría ella, que tal vez yo era una metiche. Sin embargo, por otro lado sentí la voz de Dios que me decía: «¿Qué clase de cristiana eres?» Y ya, apagué mi carro y me devolví a consolarla y a orar con ella. Está de más decirles que ese era el momento de DAR. Después de un rato, retomé mi camino y a solo unas tres cuadras de ese lugar está la casa donde vivo. La misma desde donde, sentada frente al ventanal con un montón de pajaritos comiendo alpiste en su comedero, estoy escribiendo este capítulo de mi libro.

Así es la vida. Tenemos que pedirle a Dios que ponga en nuestras vidas el don de dar pues solo dando es como podemos recibir y esto se confirma cada día en mi vida. En mi trabajo ayudando a personas con situaciones muy difíciles he aprendido a esperar el momento de ayudarles con un consejo o bien con ayuda material, pues llegan tan heridas que hay que esperar un poco que sus corazones estén listos para recibir la orientación sin sentir que es una imposición.

Nuestra corta estadía por la vida es un aprender diario. El que crea que se las sabe todas está en un gran peligro, como el de estancarse y volverse un inútil, un simple bulto con una lengua y a veces muy mordaz, pues su alma es como un estanque de aguas sin movimiento, lleno de sapos y ranas que solo hacen mucho ruido...

Mi suegra fue una mujer que, a pesar de haber crecido en la abundancia como hija consentida —y a quien la vida también la puso en aprietos para sacar adelante a sus cinco hijos ayudando a su esposo en esa tarea— tenía un corazón tierno y sus manos siempre estuvieron extendidas para dar y dar, siempre daba. No tenía apego a nada material y, cuando uno llegaba a su casa —aun en su vejez— siempre buscaba algo que dar, aunque fuera una barrita de chicle. Tenía un corazón entrenado para dar.

Recuerdo que cuando mi esposo la llegaba a visitar, se empeñaba en ponerle dinero en los bolsillos pues con cuatro hijos ella pensaba que nosotros estábamos necesitando ayuda. Mi esposo, con una gran sonrisa, la abrazaba y le devolvía el dinero. Incluso en el hospital, senil y sufriendo Alhzeimer, cuando mi esposo la visitaba ella le tomaba la mano, como si tuviera aquel dinero que en el pasado le depositaba en la mano y sonreía. Su talento de dar nunca cambió, a pesar de que ya su mente era la de una persona senil.

Mi madre murió rodeada de gente que tenía memoria: a quien ella quiso y que la quisieron y que recordaron siempre su corazón generoso y su vida resguardada por la prudencia. (Un don que yo no heredé.)

Y, ¿qué acerca de recibir?

No hay gesto muy grande ni muy pequeño que no se agradezca. Saber recibir siempre debe estar acompañado por un gesto de agradecimiento representado por la palabra gracias. Un corazón agradecido es un verdadero tesoro, no por el hecho de que nos estén dando las gracias siempre sino porque esa simple palabra denota una persona noble y humilde capaz de apreciar lo que otros hacen por ella.

Digo que no hay gesto grande ni chiquito si estamos en una situación en que necesitamos de los demás. El simple hecho de que una conductor nos ceda el paso en medio del tráfico terrible es un gesto que agradecemos tanto en ese preciso momento que por lo menos debemos saludar al otro dándole las gracias. Él se sentirá contento y estimulado a seguir haciéndolo pues ve que vale la pena dar ya que hay personas que saben recibir. Y así es con todo, en esta vida el dar tiene un efecto bumerán y el recibir también, no nos olvidemos de este detalle que marca la diferencia.

Esto de dar y recibir no solo aplica con el mundo exterior sino en especial con nuestros esposos e hijos, que tienen que aprender que a la mamá —que está siempre dando— le gusta recibir un abrazo o un gracias acompañado de una sonrisita que le llenará su corazón de gozo.

Y, ¿cómo anda aquello de saber pedir?

También para eso se necesita sabiduría y los adolescentes son unos expertos. Especialmente cuando se trata de los permisos para salir. Tienen un «arte» muy especial para esperar casi al acecho el momento justo para que les demos el sí, sea que estemos de acuerdo, «cuerdos» o por cansancio.

Esto de saber pedir sabiamente se aplica en todas las áreas de nuestras vidas, tanto en el plano personal como laboral, y de eso sí que yo sé. Dios me ha dado la oportunidad de que cada día viva como en un mundo nuevo, pues por mi trabajo veo a muchas personas y todas tan diferentes. No obstante, todas comparten un denominador común que necesitan de mí: trabajo, consejo, un oído y un corazón. He aprendido de cada una de ellas, debo decir que aún no he tenido una experiencia triste de parte de esas personas, solo una gran oportunidad de practicar el saber dar, el saber recibir y el saber pedir.

Creo que no todo el mundo tiene el privilegio de hacer labor social y, aunque a veces es desgastante, creo que es una gran oportunidad para crecer como ser humano, capaz de buscar lo mejor de uno mismo, desarrollarlo y compartirlo con otros que en determinados momentos de sus vidas se encuentran en situaciones muy duras.

Saber vivir es un arte que se aprende día a día y aunque a veces no falte uno que otro «murciélago» emocional que intente clavarnos sus colmillos de desánimo y consumirnos, tenemos que estar alerta y seguir adelante. No hay otra.

Así es que mis lectores hay que: saber dar, saber pedir y saber recibir.

13

Hijos pequeños...

Qué tiempos aquellos cuando mis niños eran solo eso, unos niños, y yo era la figura central de sus vidas. Solo el ser humano, a diferencia de los animales, no puede sobrevivir hasta casi los dieciocho años sin los cuidados de la mamá.

Bueno, aquí entre nos, yo he visto a algunos con más de cuarenta años de edad dependiendo de la madre, pero eso es otro capítulo...

Con frecuencia oigo a la atribulada madre con niños chiquitos decir: «¿Cuándo es que va a crecer?» Sinceramente no sabe lo que dice, ya que las sabias afirman: «Hijos pequeños, problemas pequeños» y es muy cierto.

De sobra sé que el día de una mamá con niños pequeños no es nada fácil. De una u otra manera ellos demandan su tiempo, energía y atención, pero creo que es una situación que casi siempre podemos mantener bajo control. Y la verdad es que la vida siempre transcurre a través de las diferentes etapas que debemos pasar.

Se enferman constantemente, sobre todo si van por primera vez a un preescolar o a la escuela y hay que desvelarse porque un catarro bien pegado no los deja dormir ni a ellos ni a nosotros. Pero eso es algo de esperarse, gracias a Dios hay maneras de solucionarlo.

Luego está lo de las tareas, las citas del dentista, que hay que comprarles zapatos nuevos porque el pie crece a mil por hora y que ya los pantalones le quedan como unos «brincacharcos». Aunque esto último lo podemos resolver con las «herencias», si es que la ropa quedó para otra «ronda» o bien yendo a la tienda. Hoy en día existen las famosas tiendas de segunda mano. Con eso el asunto está más que resuelto.

A veces creemos que tenemos la situación bajo control, todo bien «organizadito» y ¡puf!, viene otro niño en camino y de nuevo hay que hacer ajustes en todo y empezar a retomar el camino de los malestares típicos del embarazo. Además, hay que preparar anímicamente a los que ya están en casa para que cuando llegue el hermanito todos lo acojan con alegría.

Que si uno quiere el control remoto y el otro no quiere tomarse la sopa de frijoles, que si la mamá hace tanta propaganda pues dice que esa sopa contiene mucho hierro y es necesaria para unos huesos fuertes, pero ¡sabe a rayos! Luego por el baño uno de ellos arma un berrinche porque esa pasta de dientes no le gusta y no quiere lavárselos.

Pero todo eso no es más que un hogar con niños chiquitos y problemas chiquitos, por eso no se desespere ni deje de soñar con situaciones diferentes, especialmente ansiosa deseando que ya sean grandes, porque entonces los problemas serán igual que los que los ocasionan, grandes.

Con todo y el torrente de energía que demandan de usted, trate de disfrutarlos, aunque a veces no nos faltan motivos para mandarlos a dar una vuelta a Júpiter pues las travesuras son de campeonato. Sin embargo, aun con esa realidad, intente reírse de ella. Va a ver que cuando ya sean grandes y esté solita recordará esos momentos en que no hallaba la hora de que crecieran. Que si uno embadurnó a la hermana con la crema de vaselina para evitarle el ardor del pañal del bebé, que tuvo que lavar aquello y que fue después de muchas lavadas que apenas salió la mancha, etc. O cuando jugando al salón de belleza, una de las hermanas acabó con los rizos de la otra, que eran el orgullo de la familia. Le garantizo que se va a reír hasta más no poder.

Sobre la faz de la tierra no hay otra tarea, misión, o como quiera llamarle, más importante que la de criar y educar a un niño. Por ello, mientras estemos en esa etapa, disfrutémosla.

No en vano el libro más sabio, y que nunca falla, nos llena de consuelo y nos apoya con su sabiduría: «Hay un tiempo para todo lo que se quiere y para todo lo que se hace» (Eclesiastés 3.17).

Y este, amada amiga, es el momento de ser mamás y estar dispuestas a cuidar a nuestros hijos, trabajando para que se formen y desarrollen como hombres y mujeres de bien.

Educar a los hijos no solo es una tarea íntima entre ellos y nosotros, sino que es una responsabilidad en primer lugar con Dios, que nos los confió, una responsabilidad con nuestros propios hijos y, por supuesto, con la sociedad.

Ser madre va más allá de llevarlos en nuestro vientre, amamantarlos, arrullarles y cantarles. Creo que esta es la etapa menos difícil aunque entra en juego la supervivencia y como cuidarlos adecuadamente para que rebasen esa etapa difícil de bebés. Pero luego, el día a día, es lo que va formando poco a poco a nuestros hijos, que en un futuro no muy lejano y en menos de lo que canta un gallo estarán tomando el control de sus propias vidas. Por eso es determinante lo que hayamos colocado en sus mentes, en sus corazones y en sus cuerpos.

Hoy, que ya mis cuatro muchachos están formando sus propios hogares, recuerdo con nostalgia aquellas vacaciones de fin de año cuando emprendíamos camino a las montañas para disfrutar de la nieve, las largas caminatas acompañados por sus voces, sus risas, sus pleitos y su cansancio.

Tiempos que no volverán a darse, ya que así es la vida. El niño solo tiene tres días y seis horas de nacido una vez en la vida, la niña solo tiene ocho años y cuatro meses una vez en la vida y los adolescentes conocen su primer amor una sola vez en la vida, entonces, ¿por qué tanto apuro en que crezcan?

¿Cuántas veces acampando en aquel clima frío de fin de año, mis hijos se sentían demasiado «grandes» como para estar perdiendo el tiempo en una tienda de campaña mientras su padre y yo estábamos queriendo estirar el tiempo con ellos como si fuera un chicle? Hoy solo estamos con Valerie, que está a punto de graduarse de la escuela superior e ir a la universidad y de nuevo —como un día hace ya casi treinta y un años— estaremos solos Roger y yo con nuestra perrita Oreo, recordando viejos tiempos y esperando la llegada de los nietos.

Ya cuando este libro esté en sus manos habrá nacido nuestro nieto Lucas, hijo de nuestra hija María Alexandra y su esposo Jorge, una mezcla de nicaragüense y venezolano. Estamos ilusionados con que un día ese niño se unirá con nosotros a acampar y puedo imaginármelo con su varita de pescar caminando detrás de su abuelo haciéndole muchas preguntas, como todo niño curioso y con ansias de aprender.

Estamos muy ilusionados con la casa rodante que compraremos para seguir el camino de las vacaciones acampando y aguardando por la visita de nuestros hijos y los hijos de nuestros hijos, para empezar con la visita y compañía de Lucas.

Luego llegarán los hijos de Roger y Ethel, que serán una mezcla de nicaragüense con regiomontana, pues ella es de Monterrey, México. A estos se unirán los niños de Rodrigo y Anita, que es filipina y en un tiempo prudencial los de Valerie, que en esta parte de la vida no sabemos con quién unirá su destino.

Estoy orando por el esposo de ella, que en algún lugar de la tierra está esperando para finalmente encontrarse y formar un hogar y, por ende, que sus hijos se unan a la caravana de nuestros nietos para que alegren nuestra casa.

Pero una cosa sí le puedo asegurar, lo que me faltó por disfrutar con mis hijos cuando eran chiquitos —por estar tan atada a las obligaciones y al perfeccionismo— me lo voy a gozar con los nietos. ¡De eso no le quepa la menor duda! ¿Cree que vale la pena estar lamentándose esperando que sus niños sean grandes?

Espero haberla convencido de que no y que los *goce* a más no poder, a pesar de las travesuras y del cansancio. ¡Que vivan los niños! ¡Y las madres también!

14

Mi historia familiar

Estoy más que convencida de que nuestra historia familiar es muy importante y que debemos esforzarnos por saber de ella. Muchas veces sin darnos cuenta, cometemos los mismos errores de nuestros padres y padecemos las mismas dolencias que ellos —como poniéndole una curita a la situación— conformándonos con decir que es producto de la herencia familiar. ¡Qué error tan grande!

Si bien es cierto que todos nuestros antecedentes familiares influyen en nuestro presente, Dios nos ha dado la capacidad para que, con su dirección y poder, podamos cambiar las situaciones de la vida.

Entonces, si su bisabuelo, su abuelo y su padre fueron alcohólicos, ¿cree que usted debe ser el siguiente eslabón de la cadena de desastres que los unió a cada uno de ellos? Obviamente que eso es lo que nos dice la sociedad y, para los fabricantes de licor, esa manera de pensar es sin lugar a dudas una ganancia, sin «bebedores» no hay negocio, ¿no?

Pero, ¿por qué llevar hasta las últimas consecuencias esta manera de pensar derrotista? Porque para que haya cambios en nuestras vidas, debemos querer que eso suceda. Y ese deseo solo puede ser eficaz cuando nace del corazón.

Vengo de un país donde tuve que ver que ciertos patrones de conducta se repetían de generación en generación, muchas veces porque las personas ignoraban que había maneras de cambiar el destino de ellas y sus familias. Por eso obedecían en forma automática, rigiéndose por la creencia popular de que «si mamá lo hizo así, yo también lo haré y viviré de esa manera».

Hoy día hay muchos métodos y grupos de apoyo para todos aquellos que se han dado cuenta de su historia familiar y de la manera en que ciertos factores se hicieron una constante de generación en generación. Si bien es cierto que hay enfermedades hereditarias en las familias y que muchas veces no está en nosotros la facultad de cambiar esa realidad, hay también patrones de conducta que sí podemos cambiar.

Hasta aquí he escrito desde mi punto de vista humano, pero si tomamos en cuenta el punto de vista divino al acudir a Dios con verdadera confianza ninguna condición familiar puede atarnos al dolor y la desesperanza.

La vida me ha mostrado que hay personas que buscaron a Dios porque por generaciones había una constante tanto de salud mental como física en sus familias, estas eran como maldiciones generacionales que al venir a los pies de Jesús fueron literalmente pulverizadas.

Hay yugos que no los escogemos nosotros, pero que de todos modos nos hunden y atan de pies y manos. Solo Dios puede desatar, podrir y pulverizar aquello que mi historia familiar dicta. Por lo tanto, no puedo esperar otra cosa para mi vida que aquello si no acepto que Dios me presenta una manera de vivir muy diferente.

He visto casos de mujeres adictas al alcohol. Las he visto hundirse poco a poco. Pero como es más fácil quedarse uno como está que tomar conciencia y buscar ayuda, se arriesgan hasta perder a sus esposos, a sus hijos y a sus familias. Y, pese a todo ello, no escarmientan y siguen igual o peor, alegando que ya para qué van a cambiar si lo perdieron todo y que si beben es porque «eso corre» en la familia y que también sus madres pasaron por lo mismo.

Solo he podido llorar por ellas, ya que a pesar de haber intentado ayudarlas no quisieron dejarse ayudar bajo la premisa de que su cuerpo lo requiere y que nunca van a salir de eso. Ellas mismas cavan sus propias tumbas de soledad y tristeza.

Cambiar nuestra historia familiar cuando esta ha sido escrita con continuos desaciertos no es tarea fácil. Pero Dios nos muestra a todo color el lugar donde estamos y nos afirma que solo será transitoria. Si deseamos seguir así, nos hundiremos más; pero si queremos salir, Él estará ahí y nos enviará personas que nos ayuden para salir triunfantes de esa condición, que si bien se hizo una constante en nuestras familias con Él, y solo con Él, es posible que ahora sea parte del pasado. Solo así podemos escribir una historia nueva para las futuras generaciones.

Yo soy hija de alcohólico y, si bien es cierto que no era bebedora, llevaba en mi corazón un resentimiento terrible por mi padre. Solo al llegar a los pies de Cristo y al reconocer que debía ser liberada de ese pasado triste con consecuencias presentes, hallé la única manera de que esa área de mis recuerdos no siguiera atomizando de amargura mi presente.

En este caminar con Cristo —y como Él está en todas partes— tuve la oportunidad de asistir en una iglesia a un curso titulado «Hijos adultos de alcohólicos», dictado hace ya muchos años por el sicólogo y pastor Tarela, esposo de mi buena amiga Norita.

Ese seminario no solo fue instructivo sino liberador. Y eso era lo que realmente necesitaba entender para desprenderme de esa faceta, de ese eslabón de mi historia familiar.

No tenga miedo y enfrente su historia familiar con valentía y madurez, deje que el Espíritu Santo le lleve de su mano, le enseñe la senda por donde caminar y qué hacer para ser libre. Es la única manera de salir adelante, ya sea por herencias tristes en aspectos como la salud, los hábitos, las finanzas y cuantas cosas más. Que solo usted y Dios, que quiere sanarla y verla libre, cambien su historia familiar.

La vida es demasiado corta como para desperdiciarla justificando nuestras acciones y dolencias, las que tienen remedio, con la ya gastada excusa de «es que en mi familia corre esta o aquella enfermedad o actitud». Nuestra historia aún no se ha terminado de escribir... Estamos vivas y Dios tiene poder y amor suficientes para darnos una nueva oportunidad.

La toma o la deja. Solo usted, mi amada amiga, tiene la respuesta.

Dedique unos minutos de su vida tan atareada, *inviértalos* en usted misma y apártese en la intimidad con su amado Padre celestial, que la ama con amor eterno y desea verla libre, sana y feliz.

15

Tiempo para nosotras mismas

En este capítulo tengo la sensación de que muchas mujeres dirán que ya el último tornillo que me quedaba se me cayó, pero espere. No cierre el libro, vamos a repasar nuestras tareas diarias. Dejo cierto espacio en blanco para que escriba, le doy un ejemplo.

Limpiar: la casa, el carro, el jardín

Lavar la ropa: la familia

Veterinario: el gato y el perro

Tareas: los hijos

¿Me entendió cómo vamos a hacer el ejercicio? Apuntamos la tarea o trabajo que realizamos y el nombre del beneficiado. Si lo hace con justicia y al pelo, o sea al detalle, se dará cuenta que dentro de esa larga lista usted está casi ausente, ¡si es que no existe!

Bien, sin que tenga que distraerse, aquí mismo le dejo un espacio para que escriba. Basta con que sea una lista de actividades del día o si prefiere enumerar las de la semana, adelante, en sus marcas y a escribir se ha dicho:

_____

_____

_____

_____

_____

_____

¡Perfecto! ¿Encontró alguna actividad o parte del día o de la semana que usted se lo dedique a sí misma? Si lo descubrió, créamelo que la felicito, pero si no, es tiempo de darse TIEMPO. Estoy más que convencida de que una parte importante en la vida de una mujer sana es contar con tiempo para sí misma. Debemos estar conscientes de que no somos máquinas, si no estamos convencidas de eso nos enfermaremos y arrastraremos a nuestras familias con nosotras.

Estamos hablando de la disciplina del descanso, algo que me costó mucho asimilar pues me sentía culpable. Sin embargo, apenas empecé a asimilar la idea sentí una gran mejoría hasta en mi carácter, ya que cuando estamos muy ocupadas y sobrecargadas del mal llamado «perfeccionitis aguda» nos volvemos gruñonas y ásperas pues el cuerpo y el alma no aguantan tanta presión, y nuestros hijos menos. ¿Y los esposos? Andan por ahí «obligados» a realizar actividades «extracurriculares». Pero, ¿se ha puesto a pensar en que radica ese afán de hacer tantas cosas sin tomarse un descanso?

Muchas veces es porque creemos que si no estamos «paradas de pestañas» nuestra vida no tiene razón de ser. Esa es una carrera sin sentido, como si nos esperara el trofeo de las «Superhacendosas». ¡Pero no hay quien se apunte para aguantar las descargas tipo ácido de batería de un carácter terrible que solo sirve como repelente! Una mente cansada y un cuerpo abusado solo traerán frutos amargos que nadie quiere recoger.

Le propongo «la ley de los veinte minutos»: Y es que cuando llegue a casa se cambie inmediatamente de ropa, limpie su maquillaje, se ponga una buena crema de gelatina de pepino en su rostro y tome un breve descanso. No aterrice de inmediato en la cocina, pues eso da la sensación de seguir trabajando. Le recuerdo que en muchos de los casos llegamos a casa extenuadas, no solo por la jornada laboral sino también por el tráfico, lo que nos provoca mucha tensión.

Una amiga muy querida me decía: «Pero tengo dos niños chiquitos que llegan locos de hambre». En ese caso atiéndalos, pero no pase por alto el cambiarse la ropa por una más cómoda, limpiarse su cutis y aplicar su gelatina de pepino. Si ellos necesitan atención al instante, usted también. Así que atiéndase inmediatamente después de ellos. Yo creo que poco a poco debemos enseñar a nuestros niños que si ellos son importantes nosotras también lo somos para ellos. Tenemos que hacerles entender que debemos ser honradas con su consideración.

Veo con tristeza que muchas madres viven con un sentimiento de culpabilidad constante porque tienen que trabajar para colaborar financieramente con el hogar y, por lo tanto, se ven privadas de cuidar a sus niños quedándose en casa. Sin embargo, todos entendemos que no es porque no quieran hacerlo si no porque sus ingresos son necesarios para los gastos del hogar. Y si esa situación no la pueden cambiar, deben hacer un esfuerzo por cambiar su actitud y no caer en la trampa de cómo no les pueden dar sus cuidados ni todo el tiempo del día, les dan todo a sus hijos complaciéndoles hasta el más insólito de sus caprichos.

Esa es una conducta «materna» —y cada día más común— que convierte a sus mismos hijos en unos tiranos que demandan toda su atención y todo su tiempo. Muchos de estos muchachos llegan a la adolescencia con una actitud exigente y muy desconsiderada. Y además termina con las mamás «complacientes» al borde de un colapso, ya que por demostrarle al hijo tanto amor no les dan la oportunidad ni de que sean independientes, empezando por lavar su ropa y asear sus cuartos, menos aun dándoles el chance de colaborar con otras labores de la casa.

Quizás diga: «Ya Hada María se pasó de la raya», pero es que lo veo con frecuencia, y me duele que en vez de estar criando hijos considerados están alimentando a pequeños monstruos que minan sus energías. Si les enseñaran a ser independientes y a colaborar con las tareas del hogar donde viven —ya que es eso: un hogar, no un hotel de cinco estrellas hasta con servicio en la habitación—, las madres de esos niños utilizarían ese tiempo para realizar otra actividad que les reanime o que simplemente les guste.

Otra persona me decía que solamente estaba durmiendo unas pocas horas al día porque las tareas del hogar y mantener la casa organizada le estaba consumiendo mucho tiempo. Le pregunté qué edad tenían sus hijos y ¡sorpresa!, uno tenía diecinueve años y el otro veintitrés, pero eran unos jóvenes capaces de ganarse un Oscar por desordenados. Y ella otro por consentidora.

¡Ay! ¡Qué terrible realidad! Una madre con ocho horas de trabajo más un tiempo extra conduciendo ida y regreso de la casa a la oficina y viceversa, y todavía llegar a casa a organizar los desastres de semejantes viejonazos desordenados. Pero, realmente, lo que uno siembra es lo que recoge; sembró en sus corazones que todo se lo merecían y que su tiempo estaba a su entera disposición, ahora estaba reaccionando muy tarde, y eso debido a que ya su cuerpo con tan pocas horas de sueño no da para más.

Yo también tuve niños chiquitos y estuve a punto de un ataque de nervios por ser tan perfeccionista. Tenía a mi esposo y a mis pequeños desesperados y gracias a Dios comprendí a tiempo que esa carrera no me conducía a nada y que me estaba literalmente matando de puro gusto y alejando de mi propia familia.

El cansancio que genera el querer tener todo bajo control nos vuelve repelentes e insoportables. El cansancio nos provoca irritabilidad, falta de paz y, en muchos casos, estamos tan cansadas que aunque queramos descansar se nos hace difícil. Querida amiga, no lleve su capacidad de aguante al borde del límite, pues del otro lado solo encontraremos soledad, rechazo y hasta la cama de un hospital.

No es la primera ni la última mujer que cae víctima de su propio desacierto creyéndose infalible y que —a pesar de darle exceso de trabajo sin descanso a su cuerpo consciente o inconscientemente— piensa que saldrá ilesa del abuso que ella misma dirige.

Aquí, entre nosotras, les cuento que los viernes llego a casa como si una aplanadora me hubiera pasado por encima. En ocasiones, después de tomar un buen baño, mi cremita de pepino y una buena pijama, me acuesto por ahí a eso de las siete de la noche y caigo redondita hasta las ocho y treinta de la mañana del sábado. Un lujo que mi cuerpo me reclama de vez en cuando, ya que todos los días estoy en pie a las cinco de la mañana y me voy a la cama a eso de las nueve y treinta de la noche, puesto que necesito dormir por lo menos de siete a ocho horas. Antes me sentía un poco culpable, pero vieran que cuando descanso lo suficiente me siento muy bien. ¡Como nueva!

No se exceda y use como pretexto que para eso usted y su familia se toman una semana de vacaciones cada año. ¿Cree que es suficiente? Si uno de las vacaciones viene a veces más cansado. Unos minutos del día para usted son su premio para compensar toda su dedicación y, créame, que por esos minutos que le dedique a su persona nadie se va a morir ni el mundo va a dejar de girar.

Ese tiempo es suyo y como tal lo puede utilizar convenientemente. Al comienzo, para establecer este hábito, si quiere use un medidor de tiempo y enséñeles a sus niños que mamá necesita unos minutos para descansar antes de empezar las otras tareas de la casa.

Por favor, no tire en saco roto mi propuesta y solo bríndese la oportunidad de tomar un tiempo para usted. No se sienta como una mamá egoísta, comprenda que una mujer descansada solo será de beneficio para su vida y la de su familia.

Le recuerdo que usted no nació con patines…

NOTA:
Por favor, infórmeme cómo le fue si siguió este consejo. Escríbame a: hada_morales@yahoo.com

16

Qué es la sanidad

Desde que tengo uso de razón he escuchado este viejo adagio y no precisamente porque yo sea vieja también: «Mente sana, cuerpo sano». Hay una verdad inmensa contenida en esta frase tan cortita. No me cabe la menor duda de que todos los buenos y malos deseos se anidan primero en la mente y luego se cocinan en el corazón, para que entonces el cuerpo los ponga en acción como el vehículo material de las acciones. Pero, en realidad, la sanidad es un don preciado tanto para el espíritu como para el alma y, por supuesto, para el cuerpo.

Si cargamos una bolsa de rencores, no hay manera de vivir alegres y llenos de gozo. Esa araña peluda llamada rencor nos come y recome el hígado; de modo que nuestro espíritu se encuentra atado de forma miserable a recuerdos dolorosos y pensamientos de venganza que enfermarán nuestro cuerpo y como producto final, nuestro entorno.

Cada día, debido a mi trabajo sirviendo a personas en situaciones realmente difíciles, me encuentro sobre todo con mujeres al borde de la crisis ya que enfrentan pruebas que literalmente las quiebran. Debido a este caminar diario extendiéndoles la mano a esas madres y mujeres solas es que estoy más que convencida de que el primer paso para una vida mejor es buscar la sanidad tanto del espíritu como del alma y el cuerpo.

Las veo llegar tristes y angustiadas atadas a la desesperanza, cargando con problemas que las agobian y, si bien yo estoy al frente de un programa de instrucción laboral, no puedo sembrar en un terreno seco y lleno de espinas. Por eso es que, con la sabiduría que Dios me da, empiezo el proceso de libertarlas trabajando con su espíritu, luego paso a esa área peliaguda que es el alma y como broche de oro tomamos y trabajamos juntas el área del cuerpo, incluyendo por supuesto sus finanzas.

Cada vez que terminamos el ciclo de enseñanza de unas cuatro semanas les pido que hablen sobre su experiencia y siempre, leyó bien, siempre, destacan primero bendiciones y cambios como los siguientes:

- «Gracias, maestra, porque me ha ayudado a perdonar».
- «Gracias "teacher", por ayudarme a tener compasión por los demás».
- «Le agradezco, maestra, por motivarme a dejar a un lado mis complejos y recuerdos dolorosos».

Y eso solo es una muestra porque luego agregan que han aprendido a ser organizadas, vestirse mejor, manejar eficazmente sus finanzas, alimentarse sabiamente y más.

No hay manera efectiva de avanzar en la vida si estamos enfermos y contaminados, especialmente en nuestra mente ya que aun cuando existan recursos extraordinarios para salir adelante, el ancla plantada en el mar del rencor y la envidia no nos dejará avanzar. Para salir adelante debemos, sin excepción, pasar por un proceso de sanidad, unas veces quizás de primeros auxilios, pero otras tal vez de hospitalización. Las que hemos sufrido algún tipo de cirugía sabemos que es un proceso muy doloroso, pero al cabo de un tiempo nos damos cuenta de que era necesario el dolor para lograr la sanidad.

Cuando fui sometida a una histerectomía sufrí mucho. Me dolían hasta los dientes postizos, pero después de aquel proceso doloroso e incómodo mi salud mejoró un ciento por ciento. De igual manera, cuando vine a los pies de Jesús, mi espíritu rebelde y salpicado de tradiciones también tuvo que pasar por un proceso en el que tuve que reconocer que Él era el Dios de mi vida y que, por lo tanto, le cedía mi voluntad después de tantos años. Años de «santidad» aprobados por la tradición, por lo que concluí que mi paz y el éxito de mi vida estaban en entregarle todo a Él y que ese acto de entrega traería paz y sanidad a mi espíritu.

¿Y el alma señores y señoras? Pues tenía que alinearse también. Aquí el proceso fue duro ya que era más cómodo seguir con mis malos hábitos y mi «lista» de personas no gratas, ¿qué les parece? Por supuesto, es más fácil ponerse el traje de baño negro y zambullirse en el lago de los recuerdos amargos, para seguir justificando ciertos patrones de conducta que dejan mucho que desear, que enfrentarnos a nuestra propia realidad.

¿Le suena familiar algo de esto?

Sé que sí, pero cada una de nosotras tiene una historia única y especial que contar, y al final, con frutos amargos o dulces. También sé que el proceso de cambio continúa, pero mientras tengamos a Dios como la persona que dirige nuestras vidas día a día iremos cosechando frutos de paz, amor, comprensión, sabiduría, prudencia, compasión y más. Y estos son los frutos que solo puede recoger una mujer que experimenta sanidad de espíritu, de alma y de cuerpo. ¿Es usted una de ellas? ¿Cree que está al borde de un ataque de nervios porque le ha dado poder a su amargura? ¿Se siente capaz de lidiar sola con esa carga del alma que le tiene el cuerpo entumecido?

Si siente que ya no puede más, le digo que sí puede. Si, y solo si, clama al Señor por sanidad de espíritu, alma y cuerpo. Si usted no puede, ¡ÉL SÍ PUEDE!

17

¿Ser bellas o sentirnos bellas?

Mis amigas, hoy es casi misión imposible entrar a la Internet sin que la imagen de un antes y después de usar un producto tipo «fuente de la juventud» atraiga su atención. Y claro, tenemos que preguntarnos si queremos estar jóvenes o simplemente lucir jóvenes. Y es ahí donde está el detalle. No es suficiente lucir joven, sino que la juventud sea una condición del corazón, ya que de esa manera no solo luciremos bellas sino que esa belleza interior de una vida con oxígeno irradiará nuestro entorno.

Antes el turismo era una actividad que estaba íntimamente relacionada con viajar y conocer países, disfrutar de su gente, sus paisajes y sus comidas típicas. Hoy en día escuchamos de un turismo diferente: turismo para visitar la fuente de la juventud en quirófanos y centros de estética. Entra con un físico y sale con otro. Un raro y novedoso concepto de turismo y fuente de la juventud, ¿no creen?

Pero el asunto de la belleza va más allá de lo que estamos acostumbrados a ver, cuerpos esculturales aunque a veces no lo sean tanto, pues solo son un montón de huesitos. Hoy, estar escuálidas es sinónimo de belleza. Son muy extraños los conceptos de belleza que rayan al borde de perder la vida, todo por estar al paso de lo que dicta la moda. Hay que comerse dos hojitas de lechuga al día y estar dispuestas a caer desmayadas en cualquier momento.

En realidad, ¿qué es la belleza? No soy precisamente una experta en ese asunto, pero me atrevo a decir que la belleza empieza por dentro y culmina con un rostro adornado por una sonrisa sincera y capaz de ser un alivio para aquellos que ya no pueden o quieren sonreír.

Tal vez usted, si ya me conoce a través de mis libros, estará pensando: «Bueno, ¿cómo es esto de que Hada María nos habla de vestirnos para triunfar y ahora da la impresión de que se contradice? Mmm, no entiendo nada». Permítame explicarle. Sigo sosteniendo que debemos vestirnos para triunfar y que en este proceso también debemos vestir el alma con pensamientos de bien, como dice muy claramente la Palabra de Dios. Los pensamientos de Dios respecto de nosotras son para bien y no para mal, y eso es lo que se nos olvida aplicarnos. Por eso, muchas veces, las primeras detractoras de nosotras mismas somos nosotras, ¿qué le parece?

Este capítulo del libro no es para alentarla a que —al entender y atesorar que basta con sentirnos bellas para que andemos por ahí todas desarregladas, sino más bien— para tomar conciencia de que aun a pesar de «lucir» unos rollitos de más y el abanico de la menopausia sea nuestro sello de garantía, debemos cuidar también nuestra imagen.

Muchas veces, cuando menciono la palabra imagen, las personas la relacionan con algo sofisticado y costoso. Sin embargo, realmente no se trata de eso. El concepto de imagen es diferente y es una hermosa combinación de la actitud interior de las personas con la apariencia exterior como marco. De nada sirve una apariencia personal impecable si dentro de ella habita una persona que es más amarga que la hiel de una gallina y que a pesar de tener facciones hermosas apenas se acerca o habla, irradia rechazo. Doy gracias a Dios por el momento en que descubrí cuán valiosa soy para Él pues esto causó una gran revolución en mi concepto de belleza, ya que para mí era algo solamente exterior.

Ser bellas es una consecuencia de sentirnos así, cuando además de ejercitar nuestro cuerpo en la caminadora —que a veces se convierte en nuestra torturadora cuando no queremos hacer ejercicio— debemos ejercitar nuestro espíritu y alimentarlo adecuadamente con la palabra de Dios. El sistema impuesto por el hombre en la mayoría de los casos —como nada tiene que ver con el sistema divino— en vez de ayudarnos nos oprime. Si no está convencida, fíjese en las jovencitas obsesionadas con tal o cual imagen de una artista que después aparece en los tabloides con más de un escándalo. Le aseguro que si esa joven hubiese llevado una belleza interior genuina no se habría visto envuelta en situaciones hasta de cárcel.

Concluyo diciendo que ser bellas es consecuencia de sentirnos bellas, tan sencillo como eso. La belleza no tiene nada que ver con la edad sino con la manera en que recibimos de Dios la bendición de la vida, cómo la administremos y cómo proyectemos todo lo hermoso que Él ha puesto en nosotras. La sabia combinación de alimentar nuestro espíritu, nuestra alma y nuestro cuerpo traerá como consecuencia una mujer bella que se acicala de acuerdo a su edad, hora del día y ocasión dando gracias a Dios en todo tiempo.

Sugerencia de última hora... no está de más consultar con un especialista en la piel para que nos eduque acerca del órgano más grande del cuerpo. La piel, que a veces es tan ignorada y expuesta a interminables sesiones de bronceado —perdón, de «chamuscado» pues estar bronceado es «in» y supuestamente una señal de «salud»— solo nos dejará una secuela de manchas en la piel y al tiempo el cuerpo pasara su factura: un acordeón por piel y el peligro inminente de un cáncer.

Por favor, no lo tome a la ligera. Yo, cuando era jovencita y aun ya con niños, amaba el sol y hasta usaba aceite de coco o soda oscura para acelerar el proceso de bronceado. Al cabo del tiempo, mi cuerpo, en especial mi rostro, se ha encargado de recordarme mi irresponsabilidad con manchas en la piel que me ha costado mucho atenuarlas. Es rico ir a la playa para disfrutarla, no para cocinarnos:

«bañistas al pastor». Por ello se recomienda tanto el uso de bloqueadores. Haga caso, por favor, su piel se lo agradecerá y su familia también. Seamos mujeres bellas por dentro y, responsablemente bellas, por fuera.

No deje de practicar su rutina de belleza:

-Limpiar su rostro.

-Aplicar crema de los ojos solamente alrededor, no en el área delicada debajo del ojo.

-Un buen humectante para la noche y para el día.

Esto como mínimo.

No puede faltar su mascarilla de pepino, por supuesto. Y unas dos veces por semana use granitos para exfoliar su rostro. ¿Y el cuerpo? Bueno las viejitas de antes usaban unos pastecitos para bañarse. Crecí usándolos, pero hoy hay unos guantes para restregar el cuerpo mientras tomamos una rica ducha, nos secamos y luego aplicamos una crema humectante para el cuerpo.

¿Y los pies? Son los más olvidados, consiéntalos y hágase su pedicure por lo menos cada quince días. Además, use su piedra pómez con regularidad para mantenerlos suavecitos y, si no le molesta dormir con calcetines, por la noche aplíqueles crema humectante. Aunque parezca tonto, no cometa el error de usar zapatos que no sean de su talla, más grandes o más pequeños solo porque estén a buen precio o le guste su estilo ya que no solo le dolerán los pies sino hasta la cabeza y pueda que se sienta hasta mareada. Lo digo con conocimiento de causa porque he cometido esos errores y una vez compré unos zapatos muy lindos de una talla menos con la «ilusión» de que podía sobrevivir. No quieran saber como me sentía en la tarde; sin exagerar, me dolía todo el cuerpo y hasta los dientes postizos. Soy fanática de los zapatos puntiagudos, pero trato de no usarlos seguido, los alterno con otros bajitos y sin tanta punta pues solo de pensar en mis pies adornados por un par de juanetes que me conduzcan por la calle de la amargura es suficiente razón para no ser tan irresponsable.

¿Y las manos? Solo le suplico que siempre estén bien cuidaditas, con brillo o un tono clarito, por lo menos, y todas del mismo tamaño, y limpias, obvio. Y no olvide consentirlas con crema varias veces al día y por la noche también. Pero, ¿y el pelo? Es el marco del rostro y, por favor, si se lo pinta que sea en un color adecuado con su edad y tono de piel. No olvide las raíces que se ven fatales, yo lo llamo «estilo mofeta», use un buen champú y acondicionador. Una mascarilla de aguacate no estaría nada mal.

¿Y el maquillaje? Tenue y de acuerdo al color de su piel, la ropa que use y la hora del día. Solo aplíquelo después de limpiar y humectar su rostro. De todos modos sé que hay personas que saben mucho de este asunto del cuidado de la piel y el maquillaje, consulte con ellos. Hay muchas tiendas por departamento que estarían encantadas de ayudarle, pero de todos modos: cuide su presupuesto.

¿Y el cuerpo? Una alimentación sabia y una buena y vigorosa caminata lo pondrán feliz a él, a usted y a su entorno.

18

Trabaje para vivir, no viva para trabajar

Este consejo es casi tan viejo como andar a pie, pero no acabamos de aprender de él para vivir de una manera sensata.

Soy la primera abanderada en cuanto a la idea de trazarnos metas y lograrlas. Pero, esto no puede ser a costa de ahogarnos en montañas de papeles y no simplemente porque seamos unas desorganizadas, sino porque nos hemos vuelto unas verdaderas adictas al trabajo.

La sociedad actual como que le ha puesto un cable de alta tensión a la tierra, tanto que un día de estos vamos a acostarnos en la Argentina y amaneceremos en otro punto del planeta. Y esto no lo digo por la maravilla de los medios de transporte, sino porque vamos a girar tan rápido que no nos vamos a dar ni cuenta de que nuestra carrera por ella nos está matando.

Solo deje de ver a algunos de sus amigos por unas semanas y se dará cuenta de que no estoy bromeando. Si es observador, y si no lo es mucho también, es probable que se encuentre con uno de ellos que ya esté usando lentes permanentes, pues sus brazos no son suficientes para enfocar el periódico, o con otro que no se teñía el pelo y ya lo está haciendo. Tal vez habrá otro más valiente que se dejó esos hilos plateados que en el hombre lucen atractivos pero que a nosotras nos ponen los pelos de punta, ya que si usted tiene algunas canas se habrá dado perfecta cuenta de que son como unos alambres indomables. Entonces notará que sí ha pasado el tiempo.

Y si hablamos de los cambios en la vida de nuestros hijos o de nuestros nietos, a los que ya están por salirles su primer diente o están dando sus primeros pasitos, es posible que nos perdamos esos hermosos regalos que Dios nos da por andar a las carreras.

Sin embargo, retomando el tema de los amigos, notará que entre ellos hay más de uno que aunque ya no está tan joven como la última vez que lo vio hay en él o en ella un aire de triunfo, refleja paz en su mirada y cierta chispa especial en sus palabras. Y es que tras conversar con esa persona, observa que solo unos días antes de subirse a una ambulancia —por el exceso de trabajo— llegó a una sabia conclusión. Si bien es cierto que desea darle un futuro mejor a su familia —con él o ella de mal humor y tan tenso como las cuerdas de una mandolina— solo correrá el riesgo de quedarse más solito o solita que la una. ¡Qué alegría, se bajó del patín a tiempo! Uno menos que visitar en el hospital.

Obviamente no somos perfectas y, aquí entre nos, desde que me di cuenta —verdadera cuenta— de que la perfección es un atributo EXCLUSIVO de Dios, dejé de preocuparme tanto porque todo me saliera a pedir de boca. La mayoría de las veces lo lograba, pero acababa toda agotada mientras que, en otras —cuando estaba a punto de hacerlo— algo se cruzaba en mi camino y la frustración se alistaba para invitarme a tomar té amargo.

No vale la pena dejar la vida en tiritas por el camino. Dios no quiere que vivamos de esa manera, como si tuviéramos el propósito de destruirnos. Dios siempre nos habla de que su paz sea la que vaya con nosotras a todos lados.

¿Y usted cree que este capítulo lo debería leer su amiga Esmeralda, que ya casi ni ve porque está demasiado atareada haciendo dinero con su negocio de flores? ¿O que precisamente le viene como anillo al dedo a su hermana Marieta, que está a punto de un desplome emocional ya que su compañía de camiones la tiene muy tensa? O mejor, y pensándolo bien, le va a regalar este libro con un marcalibro de mariposas a su tía Anacleta, ya que ella sí que lo necesita, porque está muy mayor para andarse esforzando tanto por la administración de su pequeño supermercado.

Pero espere... este capítulo también es para la mamá que está muy afanada tratando de llevar un hogar perfecto. Esa que si a media noche se acuerda de que no guardó un tenedor de los del juego de plata que le acaba de regalar su tía Esther se lanza de la cama como si una pulga la hubiese picado en el dedo chiquito del pie y después de sentirse «triunfadora» —porque contó todas las piezas y no falta ni una, y por si acaso les dio una pulidita rápida— ya no puede volver a conciliar el sueño y de nuevo el despertador, que es indiferente a si durmió o no, estará sonando para que empiece el día «Doña Perfecta». La misma que en medio de su carrera se llevará por delante a Raimundo y todo el mundo; y para colmo con un humor amargo porque está desvelada. No me gustaría estar en su lugar.

Dios siempre nos está llamando a la cordura. Si bien es cierto, y no lo podemos negar, el mundo de hoy anda a millón —para comprobarlo basta con que salga a eso que llaman las horas pico del tráfico—, por lo que podrá ver que otras conductoras pasan por su lado maquillándose, hablando por teléfono, peinando sin mirar a uno de los niños, etc., pero yo le pregunto: ¿Vale la pena todo ese pandemónium?

Creo que no, por eso siempre insisto en que trabajemos organizadamente, de manera que hallemos el punto de equilibrio y tendremos la sabiduría necesaria como para establecer un ORDEN DE PRIORIDADES.

Conozco a alguien que ha logrado atesorar una buena fortuna en bienes raíces pero, ¿saben qué? Ha ido perdiendo poco a poco a su familia, ya que no puede tener un dinero en la mano porque ya está pensando en qué propiedad va a comprar. Es loable que se preocupe por el futuro de su familia, pero se le ha olvidado que ese futuro está encerrado en su presente y no precisamente en las paredes de un nuevo apartamento con vista al mar.

Esa persona vive en una vorágine, me atrevo a decir que en sus ojos ya no existe más aquella mirada fresca y bonachona de otros tiempos. En ella lo que hay es avaricia, mientras su familia languidece por falta de tiempo y —por supuesto— de atención.

Queridas amigas, todos los extremos son malos; así sea como el de esta persona que les relato, que solo vive para trabajar; o como esa mamá que también solo vive para trabajar porque desea una casa de ensueño.

Cuando hay niños en casa, puede haber orden y disciplina; pero no dictaduras que no los dejen disfrutar de su niñez. Debemos dejar un margen de desorden, especialmente mientras están jugando; pero a una hora determinada debemos darles la responsabilidad de recoger todo, pero con PAZ.

Si usted es una de esas personas compulsivas en cuanto a su trabajo, es mejor que vaya bajándose de ese tren. Son ya demasiadas personas las que han prácticamente descuidado su salud y su vida familiar por estar trabajando en exceso, para que un día vengan los ausentes de sus vidas y —como no les ha costado nada lo que heredan— lo despilfarren en un dos por tres.

A la vida no hay que agregarle años, sino más bien a los años hay que agregarles vida.

Por eso debemos abrir los ojos y tomar los ejemplos que son como espejos que tenemos a nuestro alrededor. Me da verdadero gusto ver a muchos viejitos que un día comprendieron a tiempo que no era necesario andar con los pelos de punta para terminar cansados, y hasta frustrados, de tanto trabajar como desesperados y decidieron sabiamente ponerle vida a sus años.

Claro que para llevar el pan a nuestro hogar tenemos que trabajar, pero podemos hacerlo con inteligencia. Si deben desaparecer algunos lujos de nuestra lista de «necesidades», pues con dolor en el alma tendremos que desaparecerlos, si es que de verdad deseamos trabajar para vivir.

Los cambios implican voluntad y hasta lágrimas, pero si no los hacemos cuando somos alertados, entonces solo estaremos haciendo alarde de nuestra testarudez.

Quiero dejarle esta porción de las Escrituras para que la atesore en su corazón y la ponga en práctica: Deuteronomio 30.9-14.

Yo no tengo palabras, Dios las tiene. Búsquelas en Él y agréguele vida a sus años.

19

¿Y la Mujer Maravilla?

Esta es una gran noticia, y no me refiero precisamente a la figura perfecta de la pantalla chica que con tanto éxito resolvió los casos más inverosímiles y, por demás decirlo, espinosos de la televisión sin cansarse ni despeinarse.

Esa Mujer Maravilla saltó del acetato para establecerse casi oficialmente en la vida de la mujer de hoy, que cayó embelesada ante la idea de que podía correr todo el día, hacer de todo y ser tan eficiente como la mencionada pero, ¡sorpresa!... las mujeres de carne y hueso sí se cansan y despeinan.

A veces yo misma me olvido de mi limitada humanidad. Literalmente me subo a mis patines y llego a exigirme más de lo que mis fuerzas son capaces de darme. Pero mi cuerpo se encarga de recordármelo, por lo que paso de Mujer Maravilla a una simple araña fumigada. Cuando aprendí, poco a poco, a atesorar en mi corazón la perfecta sabiduría de Dios, logré poner orden y juicio a mis días.

El mensaje bíblico que afirma: «Bástale a cada día su propio afán» es un llamado a la cordura. No podemos resolver todo y lo de todo el mundo, así seamos mujeres sanas y tengamos un corazón muy grande, ya que nuestras fuerzas no son ilimitadas.

Se requiere humildad para depender *enteramente* de Dios y reconocer que si seguimos obstinadas dirigiendo nuestras vidas bajo nuestra propia «sabiduría», además de despeinarnos, iremos a parar derechito a la sala de emergencia de un hospital. Y esto no es lo que Dios desea para nosotras.

Solamente cuando hay paz en nuestro corazón es que somos capaces de desarrollarnos adecuadamente, sin esos bajones tan horribles que deja el abuso al que sometemos a nuestra mente y nuestro cuerpo.

Siempre me encuentro con mujeres que me dicen que tienen tan abarrotadas sus mentes —por todo lo que tienen que hacer— que no logran dormir. Me comentan que para poder estar despiertas y seguir en esa loca carrera de creerse las supermujeres tienen que recurrir a un tipo de bebidas que son como una «bala de energía», bebidas energéticas que las ponen a millón por hora. Y hay algunas que me dicen que después de ingerir varias botellas o latas de esas bebidas, ligan la última «dosis» con un trago de vodka para poder dormir. ¿Qué le parece el motor que las mueve?

No soy médico ni experta en salud, pero más de una vez se ha dicho y advertido que no se debe abusar de ese tipo de bebidas energéticas ya que aceleran los latidos del corazón. Por eso podemos ver la gran diferencia entre la fuente de la energía que el mundo ofrece —para trabajar en nuestras agendas excesivamente cargadas— y la que viene de parte de Dios. La diferencia es obvia, una pone nuestras vidas en peligro y la que proviene de Dios agrega vida a nuestra existencia. Todo lo que viene de Dios provoca cambios en la vida de las personas, cambios que, como dice su Palabra, añaden vida pues Él siempre, siempre, tiene pensamientos de bien y no de mal para nosotras.

Es muy difícil que yo tenga problemas para conciliar el sueño y aquella Mujer Maravilla que un día creía que era, ya no existe. Eso me amenazaba provocándome estados pasajeros de ansiedad nocturna, pero para contrarrestarlos opté por tener una libreta con un lapicero sobre mi mesa de noche. Así que me tomo unos minutos para escribir en ella los pensamientos o los asuntos pendientes que me dan problema para dormir. Créame que ese simple ejercicio me da la sensación de que descargo mi mente, en otras palabras, literalmente la vacío sobre mi libreta; lo que es un alivio tremendo y me devuelve mi paz para dormir.

Tal vez piense que soy una persona muy simple y hasta primitiva, pero no se equivoque, es que he aprendido a depender enteramente de Dios. Eso es básicamente lo que me mantiene en pie, cumpliendo uno a uno mis sueños y los propósitos que Él tiene conmigo.

A la Mujer Maravilla que vivía en mí le extendí su jubilación y sin beneficios, pues casi acaba con mi vida. Por eso no dudo en hacerla responsable de los líos que anda armando en la vida de muchas mujeres que se resisten a *confiar* sus vidas y las de su familia completamente a Dios.

Muchas veces andamos a millón porque no trabajamos con metas definidas y objetivos claros; padecemos de «controlitis aguda». Además de las cargas que naturalmente tenemos como mujeres, le agregamos el detonante del exceso de control y creernos que todo lo podemos, aunque sin Cristo. Escribo esto y me espanto con el solo hecho de pensar que en vez de jubilar a la Mujer Maravilla le extendemos la jubilación —y hasta un certificado de persona «non grata»— al Rey de reyes y Señor de señores. Y desgraciadamente muchas personas viven de esa manera. Por eso no nos extrañe que el mundo esté tan patas arriba. Solo Aquel que le creó con tanto amor es el único que puede dirigirle con sabiduría.

Por ello la invito a que juntas oremos para deshacernos de esa manía que tenemos de vivir de acuerdo a nuestra propia razón. Esto muchas veces —y sin darnos cuenta— afecta cada aspecto de nuestra vida y la de los seres que amamos, porque una mujer controladora y autosuficiente con poco o nada se convierte en un verdadero atomizador de amargura.

Obviamente que Dios nos concedió libre albedrío pero… cuando se lo entregamos de corazón a Él para que dirija nuestra vida, créame que estamos tomando la mejor decisión que podemos tomar.

Oremos:

«Padre, perdóname por todo este tiempo tan precioso de mi vida que he desperdiciado creyendo que soy todo lo suficientemente Mujer Maravilla para hacer las cosas por mi cuenta. Perdóname por tomar como norte mi propia razón, la que me ha llevado a vivir en zozobra y hasta a recoger frutos amargos y estériles. Te pido Señor, con todo mi corazón, que tomes control de mi vida, que aumentes en mí la necesidad de ti, de buscarte y de esperar confiadamente en ti. Padre, no quiero volver a mi vida pasada, por lo que a partir de hoy camino de tu mano, enséñame la senda que debo seguir, la que tienes para mí y para los míos. Seguro que la seguiré y cuando esté de nuevo con ansiedad por hacer todo con mis propias fuerzas, te pido que vengas como mi pronto auxilio. Todo esto, Padre amado, te lo pido en el nombre de Jesús, amén».

Noticia de última hora:

«La Mujer Maravilla fue vista meciéndose en su mecedora en un asilo de ancianos de la ciudad, totalmente resignada y reflejando paz en su rostro. Al fin comprendió que ya está de más volar tanto. Dios es el único perfecto y el que tiene todo el poder para hacer de *todo*».

20

Mis hilos enredados...

Últimamente me ha dado por confeccionar mis propios collares de perlas y me entretiene muchísimo hacerlo. Aunque a veces me emociono tanto por ver el producto terminado que, en vez de hacerlo rápido, los hilos se me enredan. Por eso, más de una vez tengo que cortarlos y empezar de nuevo.

En una de esas ocasiones en que he tenido que detenerme, pensar y desenredar mis hilos, he reflexionado en la vida. En cómo nosotras mismas, en ocasiones, nos enredamos nuestra existencia por falta de sabiduría, apuro o por no saber esperar.

Como ya saben, día a día trabajo con personas que están en situaciones por demás complicadas y sin saber en qué momento —según ellos mismos me relatan—, se enredan en circunstancias peligrosas como las de aquellos escarabajos enmarañados en una madeja de hilo de tejer. Algunos logran salir del enredo en que se han metido, pero otros irremediablemente mueren en el intento.

Ese caso de los escarabajos guarda cierta similitud con la vida y, al igual que ellos, muchas veces salimos airosos de situaciones difíciles aunque tengamos que pagar un precio muy alto, y hay los que no alcanzan a vivir para contarlo.

Las mujeres más de una vez estamos con la vida muy enredada y no es precisamente por la carga de las responsabilidades cotidianas, sino por elecciones equivocadas que hacemos. Veo con dolor que muchas eligen compañeros de vida que en lugar de ayudarlas a llevar la carga les hacen la vida realmente un yogurt, y se enredan con gente que las pone al borde del abismo.

¿Que cómo lo sé? Les he relatado varias veces que mis libros no son fruto de una mente muy creativa, no, solo son la voz de aquellos que no pueden hablar por miedo o porque están muertos.

Siento un gran respeto por la vida de los demás, en especial por la de aquellas mujeres, en sus papeles de madres, hijas, esposas, novias, hermanas que día a día tengo el privilegio de servir. Me honra darles mi mano para ayudarlas a salir de situaciones muy duras, brindarles mi hombro, mi corazón y mi oído solidario para tratar juntas de encontrar la salida.

No tengo la respuesta para todo, pero sé que el que respalda mi trabajo es mi gran Ayudador y por eso es que puedo —en la mayoría de los casos— verlas salir de la madeja donde voluntaria o involuntariamente se han metido.

He visto las lágrimas de dolor y odio de hijas cuyas madres, en su errada búsqueda del amor, «invitan» a su casa a uno y otro «caballero» que olímpicamente se enseñorean de las casas obligando a sus madres a echarlas a la calle porque se constituyen en un peligro para estas o porque son sus rivales potenciales, ¿qué le parece? Muchas de esas niñas han tenido que salir aterrorizadas deambulando por las calles y son presa fácil del primer «altruista» que con la pretensión de ayudarlas las dejan embarazadas, de modo que empiezan a enredarse en la misma madeja de sus madres.

Hay momentos en la vida que ser madre es una prioridad, así estemos hechas unas bellas y hermosas mujeres. Son épocas de la vida en las que una persona extraña, en este caso un «caballero», sobra.

Pero creo que si nos amamos a nosotras mismas y conocemos el amor de Dios, sabremos esperar por el galán que Él nos pueda tener. Recuerde que su compañía principal es su hijo o su hija. El galán puede esperar.

He visto hijas llorando con dolor y rabia porque sus madres —que debieran apoyarlas en los momentos difíciles—, las «amparan», pero con su disco rayado las ponen al borde de la desesperación. Queridas amigas, si no son nuestras madres las que nos tienden la mano cuando nos equivocamos, entonces ¿quién?

No hablo de apoyar a los hijos en todas sus locuras y errores, pero hay momentos en que cuando una hija se nos acerca dolida y derrotada junto con sus hijos, solo necesita nuestro corazón y un techo donde cobijarse mientras la tormenta se calma y pueden ver el horizonte para trazarse una nueva ruta. De ninguna manera debemos actuar con dureza y un odioso «te lo dije». Mamá, ¿sabe qué? Ella ya lo sabe, lo ha aprendido con dolor, le ruego que no eche sal en la herida, solo bríndele su ayuda para que esta etapa de su vida sea corta y pueda salir avante.

Las relaciones amorosas con personas que en vez de ayudarnos a crecer nos disminuyen y nos llevan al abismo, se parecen a aquello de los hilos enredados.

La vida es demasiado corta para vivirla a brincos, sobresaltos y enredos. Tratemos con todo nuestro corazón de buscarle el lado bueno.

Si bien es cierto que a todos nos toca vivir circunstancias desagradables, tristes y hasta desesperantes, en el tiempo que estemos morando en el planeta Tierra puedo garantizarle que la única manera que existe de pasarla bien es con paz. Sí, leyó bien, con paz, clamándole a Dios por su ayuda y *creyendo* que Él se la dará.

Cuando nuestra vida esté llena de Él, caminaremos sin temor y, aunque nuestra madeja se nos enrede, hay maneras de desenredarla y retomar el camino.

Más de una vez he tenido deseos de que el Señor venga pronto. Es cuando olvido que Él ha dicho muy claro que tendremos aflicción pero que ya ha vencido al mundo. Solo cuando retomo sus promesas es que me siento de nuevo llena de vida y valor para no huir y seguir confiando y esperando en Él.

Hay ocasiones en que somos nosotras las madres las que tenemos nuestros hilos enredados cuando un hijo está literalmente haciendo todo lo que le da la gana. Y que, a pesar de nuestros consejos, sigue por su camino al borde del abismo. Pero solo hay una manera de desenredar la madeja y es orando. La oración hace milagros, solo hay que dar el primer paso. Nuestras palabras, aun llenas de amor, no calarán ese corazón loco y desbocado. Sin embargo, la oración es como la gota que horada la roca. Un día veremos a ese joven llegar a nosotros cambiado. Nuestra tarea es orar y perseverar. Así no veamos una respuesta rapidísima, tipo microondas.

Hay ocasiones en que nuestros hilos se enredan porque nuestras finanzas son un verdadero caos. Y hay casos en que no están enredadas por falta de ingresos, sino por mala administración. La única manera de desenredarnos es siendo honestos y replanteándonos una nueva manera de vivir de acuerdo a nuestra realidad. Dios no está ajeno a nada de lo que a nosotras sus hijas concierne. No dude que si pedimos ayuda para ser más sabias en esa área Él nos responderá. Creo de corazón que su palabra: «Clama a mí y yo te responderé» es aplicable a todas las áreas de nuestras vidas.

No podemos vivir apagando incendios ni temiendo a todo. Solo debemos confiar en Dios, reconocer nuestra limitación. Solo Él, que nos amó al punto de morir en una cruz y que nos sigue amando como si fuéramos su único amor, nos puede dar la mano y mostrarnos el camino de paz aun en medio de las tormentas.

Siempre habrá motivos para que nuestros hilos se enreden, pero aquel que guarda nuestra vida en paz y que está esperando que lo invitemos a nuestras vidas es el único que nos puede dar seguridad de que saldremos adelante.

Cada día debemos invitarlo a estar con nosotros, Él no es un invasor. Podrá ser un conquistador pero, ante todo, es un caballero delicado y lleno de amor que solo desea que vivamos a plenitud y nos hace saber que las debilidades de nuestra vida las convierte en fortalezas.

Por ello, amada amiga, si este libro ha llegado a sus manos cuando está como el escarabajo enredado, quiero decirle con todo mi corazón que no tire el libro al cesto de la basura. No es la autora la que cobra importancia en sus páginas sino lo que Dios ha puesto en su corazón para que de manera escrita la deposite en el de usted.

Búsquelo con todo su corazón, sin reservarse nada. Él no le juzgará, más bien le extiende sus manos llenas de amor para que salga de ese ovillo de problemas y logre la paz para resolver todos sus conflictos. Él es un Dios justo, sabio y, por demás, amoroso y comprensivo.

Si usted tiene un ovillo de problemas, entrégueselo pues Él lo convertirá en una obra maravillosa: Una nueva vida para usted.

Le invito a que busque su Biblia, lea y medite los siguientes versículos: Juan 10.3; 2 Corintios 9.8; Sofonías 3.17; Jeremías 29.11; Salmos 145.18.

21

¿Temores? ¡Sáquelos!

Quiero darle paso a la Palabra de Dios, que nunca se equivoca ni tiene fecha de vencimiento. «…Jehová el Dios de tus padres te ha dicho; no temas ni desmayes». Esta porción de la Palabra de Dios está en Deuteronomio 1.21.

Cuando tememos, el resultado previsible es que vamos a desmayar, lo que no es otra cosa que convertirse en perdedoras. Solamente con Dios tenemos la única manera de mantenernos luchando y dispuestas a ganar la batalla que nos toque librar.

Y si vamos a Deuteronomio 1.29: «Entonces os dije: No temáis, ni tengáis miedo de ellos», entendemos que en la primera porción bíblica Dios trata con nosotras a nivel personal y en esta última nos anima a no temer, haciéndonos saber que tampoco sintamos temor ante las amenazas de aquellos que nos quieren presionar. Aquí podemos ver un factor interno —el temor en nosotras mismas— y otro externo que viene de los demás, ya sean personas o cosas que nos hacen vivir temerosas.

No puedo dejar de expresarles las palabras de aliento que emanan del mismo corazón de Dios en el Salmo 3.6: «No temeré a diez millares de gente, que pusieren sitio contra mí». Estamos viviendo en un mundo donde todo hombre o mujer sin Dios trata de aprovecharse sin compasión de los demás, generando todo tipo de temores, provocando conductas enfermizas que afectan a toda nuestra sociedad.

Basta con ver las noticias y darse cuenta de que una y otra vez hay personas sin escrúpulos que viven tendiéndoles zancadillas a otros para aprovecharse de ellos, son aquellos de los que claramente nos advierte la Palabra de Dios. Pero no solo nos alerta de esas triquiñuelas, sino que nos da el arma infalible de su Palabra para que no caigamos abatidos por el temor.

Hay mujeres que viven temiendo que sus esposos las dejen por mujeres más jóvenes; hay madres que literalmente «arrullan» el temor de que a sus hijos les suceda algo horrible; hay otras, mujeres de negocio, que viven temiendo una quiebra o que alguien les robe; y otras que como a una de sus amigas le dio una enfermedad terminal temen constantemente ser la próxima víctima. Otras temen perder sus empleos, algunas como yo les tememos a las culebras y pensamos que nos va a saltar una en el monedero. Otras viven aterrorizadas por las arrugas, o hay las que declaran que no saben si van a superar los calorones de la tan temida menopausia. Sin embargo, lo más triste es que hay mujeres a quienes Dios las ha sanado y su temor de recaer anula lo que Dios ya hizo en sus vidas.

Y esos, mis amadas, solo son unos cuantos ejemplos de las cadenas que nos atan de pies y manos a una realidad que muchas veces solo existe en nuestras mentes, pero que nos hacen la vida un verdadero campo de derrota.

Esos planes de derrota empiezan en la mente y nos entregamos a ellos como ovejas que van al matadero, sin luchar, sin clamar ni creer que Dios puede volvernos mujeres guerreras y valientes, capaces de derrotar al temor mediante la sangre de Jesús y blandiendo su Palabra.

Más de una vez hemos recitado al pie de la letra el Salmo 23, pero en verdad, ¿lo creemos en nuestro corazón? Que esa porción tan hermosa de las Escrituras esté alojada en nuestra memoria y hasta en una calcomanía de nuestro automóvil o bien en un cuadro de nuestra casa no es suficiente. Lo que realmente vale es que además de atesorarlo en nuestro corazón, ¡lo vivamos!

La Biblia no es un libro para leer, sino para vivir. Es nuestra garantía de fábrica, ahí están contenidas las instrucciones para vivir una vida sin temores, plena.

Y en el Salmo 23.4 el Señor nos dice muy enfáticamente: «Aunque ande en valle de sombra de muerte, no temeré mal alguno, porque tú estarás conmigo». Sin lugar a dudas, hay seguridad absoluta de que no importan las circunstancias, *Él estará ahí, caminando con nosotros, guiándonos y protegiéndonos.*

Pero esa seguridad solo puede ser producto de un corazón que goza de intimidad con Dios y que lo conoce muy bien.

Como les he dicho muchas veces, y ya sueno como un disco rayado, mi hijo Rodrigo es soldado del ejército de Estados Unidos. Se enlistó en plena guerra y eso me mantuvo casi caminando por las paredes hasta que decidí entregarle esa angustia y ese temor a Dios. Así que cuando esta amenaza quiere atacarme de nuevo le digo al Señor que lo necesito. Le pido que por favor me llene de paz y que por ningún motivo me atreva siquiera a caer en temor, que no es otra cosa que dudar del poder y el amor de Dios conmigo y para mi muchacho.

A veces queremos catalogar los temores como cosas de la mente. «Eso solo está en tu mente», le dice alguien a otro que está temiendo algo. Nos tomamos el trabajo de clasificarlos en pequeños, medianos y grandes, pero mi amiga: temor es temor y punto.

En el momento en que está pasando el Niágara en bicicleta, usted cree que su temor es justificado y que es lo más importante. Claro ¡porque es el suyo! Pero no se acomode en su silla a delirar y regodearse en eso, pues si deja caer sus manos se meterá en un hoyo del que le será imposible salir sin ayuda de Dios.

No hay tal cosa, temor es temor, hasta el de cruzar la calle puede ser el más importante de superar para alguna persona, así que no subestime el asunto.

El asunto real es que el temor nos domine, nos tenga en sus garras y nos cause tal daño que se nos haga imposible actuar.

Hay un tipo de temor que la Biblia menciona y es el temor a Dios, que es el respeto a Él. Cuando algunas de nosotras acudimos al Señor, llegamos con una valija de temores preconcebidos, como si Dios fuera un viejo malévolo que se goza en castigarnos y cuyo único fin es mantenernos a sus pies controlados por el temor que nos provoca.

Yo crecí bajo la amenaza: «Muchacha necia y desobediente, Dios te va a castigar». Pero cuando pude conocer de manera personal el corazón amoroso de Dios, ese concepto que algunos usan para poder ejercer control sobre las personas, cambió.

Este temor sano y santo lo vemos en el Salmo 34.7: «El ángel de Jehová acampa alrededor de los que le temen, y los defiende».

¿Ve la gran diferencia?

Ahí le dejo eso para que medite y acto seguido elimine sus temores, fumíguelos de su vida.

Dios echa fuera todo temor.

22

¿Malos hábitos? ¡Fumíguelos!

Recuerdo hace muchos años una canción que pegó bastante y muchas personas la cantaban, entre ellas yo. Decía algo así como: «Si yo tuviera una escoba, muchas cosas barrería». Mi canción diría algo así: «Si tuviera valor, cuántos malos hábitos fumigaría».

¡Ah!, mi amiga querida, si eso fuera posible no habría gente metiendo la pata y el mundo giraría sin hacer ruido. Solamente se oirían voces en armonía total. ¡Uao! Lo escribo y casi me lo creo…

Pero, y créame que quisiera no tener que escribirlo, para liberarnos de los malos hábitos en primer lugar necesitamos ser honradas e identificarlos debidamente, llenarnos de fuerza de voluntad para salir adelante y derribar esas paredes que nos impiden avanzar.

Ya alguno de ellos está debidamente identificado. La reina de todos ellos es la envidia, que genera otras repercusiones presentándose solapada bajo la forma de crítica, mala voluntad, inconformidad, etc. Sin embargo, también hay malos hábitos —como alimentarnos mal, descuidar nuestra persona o sobrecargarnos de actividades— que nos ponen al borde de un ataque de nervios.

Parece algo poco importante vivir correteando como mujeres muy ocupadas, ni lo consideramos. A fin de cuentas, todo lo que hagamos —hasta agotarnos— pierde su sentido cuando tenemos como resultado una úlcera, la pérdida del cabello, e incluso el hecho de que los hijos se alejen porque estamos repelentes y no hay quien nos soporte, etc., etc.

Los malos hábitos son como esos tentáculos del pulpo, que en el momento menos pensado nos enreda y nos subyuga, de tal manera que con el pasar del tiempo ya ni lo sentimos hasta que un día nos vamos quedando solas y tristes. Pero, ¿qué podemos hacer ante esa realidad?

Como le dije anteriormente, haga su lista, reflexione y ármese con su atomizador. Veamos, por ejemplo, una listita simple y sencilla. Observe lo que hay en su canasto:

- Una cara de alpargata. ¿Le cuesta tanto sonreír y hacerle saber a las personas que hay un corazón que puede ser amable? Solo inténtelo y verá que hay una respuesta amable de la mayoría de las personas a las que les sonríe.

- Una lengua que no deja títere con cabeza. ¡Ay, Dios mío! Póngale freno, bien dice Dios en su Palabra que la lengua es un pequeño miembro del cuerpo, pero que es capaz de incendiar un bosque y hacer desastres dondequiera que lance su veneno. En este caso el único que puede ayudarnos es el Señor, pues por nosotras mismas no podremos dominar ese hábito tan tenaz y peligroso. Vaya a la fuente de la sabiduría total e inigualable. Lea Proverbios 18.21 y Santiago 3.5. También lo necesito, igual que usted, así que manos a la obra. Y, por favor, no seamos oidores olvidadizos como dice el apóstol Santiago.

- ¿Es la palabra «diligente» muy ajena a su vida? El mal hábito de la pereza acaba con el futuro de las personas y de sus familias. Muchas de nosotras hemos sido bendecidas con talentos y habilidades, pero la pereza nos mal aconseja y no logramos hacer nada con nuestras vidas y, por ende, nos convertimos en mal ejemplo para nuestros hijos. Por ello le pido que ponga fin a esa parsimonia y a andar flojeando como si el calendario fuese de chicle. Cada día solo se vive una sola vez, aproveche el tiempo... ¡manos a la obra!

• ¿Es incapaz de perdonar y tiene una memoria de elefante? ¿Es usted de las que no se le escapa ni una y que le guarda rencor a cada persona que en algún momento se le cruzó por el camino y tuvo la desgracia de afectarlo en algo, sin ser capaz de borrar? Le cuento que si no hace nada hoy, usted misma se verá envuelta en su propia amargura y comiéndose y recomiéndose el hígado. No le pido que lo haga por sí misma porque sé que no lo puede hacer, pero conozco a alguien capaz de darle fortaleza y valor para liberarse de esa cadena de amargura. La falta de perdón aniquila a las personas y las hace vivir en un infierno.

• ¿Se cree la supermujer? ¿Tan súper que no necesita descansar porque se las sabe todas de todas? ¿De esas con las que se puede contar para todo porque tienen todo el tiempo del mundo? ¿Se siente casi la administradora de las manecillas del reloj? Muy bien, pero cuando caiga agotada por el estrés va a tener todo el tiempo del mundo... desde la cama de un hospital o tomando clases para aprender a manejar la silla de ruedas... No, no lo tome a la ligera, yo misma más de una vez tuve que poner atención a las luces rojas que mi organismo me encendía. De no haber sido así, es muy probable que hubiera tenido que estar tomando clases de manejo, pero no precisamente para conducir un Ferrari sino una silla de ruedas. Dios ha tenido verdadera misericordia de mí.

• ¿Es su vida un caos porque el mal hábito del desorden y la falta de organización la tiene aprisionada? No dudo lo que siempre mis maestros me decían: El que es ordenado y organizado trabaja menos. Me costó unos cuantos errores aprender eso y ponerlo en practica, pero hoy avanzo gracias a que llevo mi agenda. Sin embargo, noto que cuando ando con los asuntos pendientes siento que camino literalmente con una olla de grillos. Y la única manera de encontrar alivio es sentándome un momentito para tomar mi agenda y escribir esos famosos asuntos pendientes que me andan rondando y robándome la paz. De igual manera me pasa cuando tengo que sentarme a escribir y doy miles de vueltas. Otra vez la olla de grillos en acción, la única forma de combatirlos es sentándome a escribir hasta que las ideas dejen de saltar en mi cabeza. Me siento mucho mejor cuando las hago reposar en el papel.

- ¿Discute por todo? ¿Quiere imponer su voluntad a los demás a costa de lo que sea? Fíjese que la persona prepotente y con el horrible hábito de tener siempre la última palabra, envía el mensaje de que se lo sabe todo. Si en algún momento usted ha tenido o tiene una amiga así, le invito a que se mire en ese espejo y no se sorprenda si reconoce algo de su personalidad. Sugiero que busque la manera de arreglar el problema. Es un buen comienzo para cambiar.

- ¿Es usted de las que deja todo para después? Es tiempo de que se ponga en pie, afile la mirada y enfoque su puntería a lograr las metas. Póngase en acción y agregue vida a su vida. Hay cosas que si no las hacemos en un tiempo y espacio determinados es muy posible que no volvamos a tener la oportunidad de hacerlas nuevamente. Solo le pido que piense un poco en lo que está leyendo y actúe ahora mismo.

- ¿Le gustan los amores imposibles? Solo puedo decirle que he oído muchas historias de mujeres que creen que van a poder cambiar a los hombres con los que se relacionan. Ese privilegio solo lo posee Dios y solo Él es capaz de poder cambiar al ser humano. Por lo tanto, mucho ojo, cuidado, la esencia de las personas no cambia. De nuevo, solo Dios tiene poder para hacerlo. Por lo tanto, deje a un lado —o mejor incinere— la capa de Mujer Maravilla y pídale a Dios discernimiento. ¡Ah! Y, por favor, *dependa* de Dios.

Querida amiga, deseo que no nos dejemos dominar ni controlar por los malos hábitos. La vida es corta y vale la pena vivirla libre de las ataduras que nacen muchas veces producto de repetir inconscientemente lo mismo que hacían nuestras madres.

¡Fumigue esos malos hábitos!

23

Gozo del gozooooooo

Apenas voy a empezar a escribir sobre el tema del gozo cuando mi corazón salta dentro de mi pecho y mi estómago se llena de mariposas. El gozo que Dios ha puesto en mí se siente aludido y sabe que este capítulo del libro es en su honor.

Cuando aún no tenía conocimiento de cómo operaban las cosas en el orden espiritual, confundía todo con alegría. Pero luego el mismo Espíritu Santo se encargó de mostrarme la diferencia entre gozo y alegría y ¡qué diferencia, señores!

El gozo no está sujeto a tiempo, espacio ni caprichos. Es un don que vive de manera independiente, de ningún modo está sujeto a las condiciones del clima ni a las financieras. Tampoco depende de si uno es bonito o es feo; su canción no dice precisamente que «hay que eliminar a los feos», sino que aunque no seamos unos adonis el gozo nos hace vivir.

El gozo es simplemente así porque proviene de Dios. Y al Dios que conocemos, servimos y amamos no lo asustan las circunstancias. Por eso es que aun cuando caminemos sobre piedras calientes, si hay gozo en nuestro corazón, podremos sobrellevar lo que en ese momento afecte cualquier aspecto de nuestras vidas.

Eso es lo que pienso y no tiene necesariamente que estar de acuerdo conmigo. Creo que para que haya gozo tenemos que conocer lo que dicen Dios y esa roca firme que es su Palabra. Es eso lo que nos hará sentir confiados y seguros del Señor en quien hemos creído. Por lo demás, nos sentiremos seguros, dichosos y gozosos, y más aun privilegiados.

Definitivamente que el gozo del Señor es mi fortaleza y lo compruebo cuando ando de capa caída. A veces, cuando algunas de las muchas cosas que tengo pendientes por realizar no me salen en el tiempo en que las quiero o simplemente cuando me siento muy cargada, el mejor antídoto que encuentro es haciendo un paréntesis y orando para que Dios restablezca el orden en mi vida y que el gozo me acompañe a cruzar —a nado y sin flotadores— el río de la vida.

Me gusta mucho el kayakismo, deporte que no es otra cosa que descender río abajo en una balsa inflable dando tumbos. Hay partes del río que asustan, pero que si nos gusta ese tipo de deportes lo disfrutamos mucho. A veces la vida parece un viaje en kayak. Estamos montados involuntariamente en una balsa, aferrados como garrapatas a los bordes de ella, y los gritos y llantos no son precisamente de alegría sino de tensión y desesperación.

Todos en algún momento hemos tenido que abordar la balsa pero, sin Dios y sin su gozo, creo que ese viaje es una verdadera pesadilla.

No piense que los que conocemos a Jesús somos unos irresponsables y aun cuando la casa se nos esté quemando nos desternillamos de la risa. ¡Seguro que no! Es solo que ya hemos realizado las diligencias que nos corresponden, pero llega el momento en que Dios entra en acción y es cuando el milagro que hemos estado esperando llega. Mientras tanto estamos esperando confiados, con gozo en nuestro corazón.

Si no mamá, acuérdese cuando estamos en la recta final de un embarazo. Nos sentimos felices porque ya al fin vamos a tener a nuestro bebé en los brazos pero, aunque no sea el primer hijo, hay cierta zozobra. Al punto que a algunas nos asalta el temor.

Sé cómo es eso, lo he vivido. Mis partos siempre fueron muy difíciles, me sentía ansiosa y temerosa, pero cuando recuerdo las promesas de Dios y el gozo que me traía el hecho de dar vida, me ponía de nuevo en el camino. ¿Cree usted que trabajar todos los días con personas difíciles es sencillo? ¿Que manejar en una ciudad donde los conductores creen que son dueños de las calles y que como tienen sus nombres pueden desplazarse alocada y descortésmente? ¿Qué le parece que debe ser convivir con seres humanos tóxicos, que a todo le ven un pero? ¿Y qué tal si los ingresos son apenas los justos o no nos alcanzan?

Todas esas situaciones y muchas más son suficientes para caminar en la vida como arañas fumigadas. Sin embargo, Dios no nos ha dado espíritu de cobardía ni derrotista, y si con todo y su gozo sobrellevamos las situaciones, ¡imagínese que seríamos sin él!

Si hay algo por lo que le doy gracias a Dios es por ese deseo tan nuevo de cada mañana por conversar con Él. No les niego que a veces llego toda desconchinflada por las situaciones que debo enfrentar. Sin embargo, al derramar mi alma en su regazo hay algo que traza una línea divisoria entre el derrotismo y el optimismo. Y Dios me pone del lado del optimismo, llenando de gozo mi corazón para seguir adelante cumpliendo y perseverando en lo que me ha *confiado* hacer como mujer del reino.

El gozo no es un instrumento para los domingos en la iglesia sino un recurso, un don para usarlo todos los días. Lo veo como un antídoto para combatir el veneno de la derrota.

Quiero dejarle algo más que mis palabras —que se las llevará el viento—, quiero dejarle la Palabra de Dios que es para siempre. Lea Salmos 118.24; Deuteronomio 28.47; Eclesiastés 9.7; Hebreos 13.5; Jeremías 31.13.

Eso es solo para comenzar. Escudriñe las Escrituras y comprobará que el gozo del Señor es su fortaleza.

24

Tome decisiones acertadas

¿Es usted joven, adolescente o una señora de mediana edad, como yo? No importa. Según los expertos, todos los que habitamos el planeta Tierra tenemos que tomar unas dos mil quinientas decisiones cada día. Decisiones de todo tipo y de todo orden de importancia. No importa en qué momento de la vida nos encontremos, tenemos el deber con nosotras mismas y con los demás de aprender a tomar decisiones acertadas.

Nadie nace con un botoncito que se activa para darle la respuesta inmediata y «perfecta» a determinada situación. Tomar decisiones asertivas es un arte que se aprende. ¡Qué alivio! Bien dice un viejo adagio: «Si quieres llegar a viejo, oye consejos».

Si bien es cierto que todos tenemos el poder de decidir qué hacer en determinada situación, no cae nada mal consultar con otros que van adelante en el camino, ya que seremos moralmente responsables por las decisiones que tomemos.

En primer lugar, no debemos actuar movidos solo por lo que vemos y reaccionar por emoción; es mejor que, como primer paso, respiremos profundo y nos detengamos a pensar. Unos minutos de «retraso» serán más beneficiosos que actuar a lo loco. Aprender a detenerse y pensar requiere cierta disciplina. Además, nos evita escoger opciones inadecuadas. Hay casos, mis amigas, en los que ya ni llorar vale. Muchas de nuestras malas decisiones son producto de momentos

en que nos hallamos bajo presión, nerviosos, cansados, apurados, enojados o porque no nos hemos detenido a buscar la información debida.

En la sociedad en que vivimos hay millones de señales para
todo pero, a veces, cuando las señales de alerta y reflexión se encienden para que tomemos decisiones acertadas, simplemente las igno-
ramos. Antes de tomar X o Y decisión que pueda afectarle a usted,
a su familia o su trabajo, debemos estar claros en cuanto a las metas.
Además, debemos clasificarlas a corto, mediano y largo plazo, para
trazarnos así un plan de acción.

No me canso de decir que la información es poder, es la base
donde deben apoyarse las decisiones que tomamos. De ninguna
manera podemos conformarnos con la información que ya tenemos, debemos buscar información adicional y verificarla. Muchas
veces nos conformamos con aquel viejo dicho: «Me lo dijo Adela»
o «No recuerdo cómo fue, pero me parece que a quien lo hizo le
fue bien», y damos por hecho que todo será igual de efectivo con
nosotras. Esa no es la manera en que una persona inteligente y
madura lleva su vida, pues todo lo que decida tendrá repercusiones
no solo en su existencia sino en la de los demás.

Debemos considerar y comprobar la validez de la información,
analizar bien la seriedad de la fuente y la credibilidad de la persona que nos brinda la información que requerimos para tomar una
decisión.

Otro aspecto importante es comprobar la honestidad de la persona que nos brinda la información. Y cuidado con los intereses
personales de quien nos está dando los datos. También es importante considerar si los valores entran o no en conflicto con usted. Es
imprescindible que cuando tenga varias opciones, las ponga sobre la
mesa y las analice con calma. De nuevo, consulte, hable con alguien
a quien respete. Hay verdaderos amigos y mentores que son una
pieza valiosa y no podemos restarles su valor.

Pídale a Dios discernimiento y espere en Él. Evite caer en
trampas como estas: «Lo necesito», «Lo que hago no afecta a

nadie», «Solo estoy haciendo lo que me gusta», o «¿Y qué? Si todo el mundo lo hace, ¿cuál es el problema?» Las decisiones correctas y acertadas se basan en principios éticos, no pierda de vista nunca que lo que decida hoy será el preámbulo de la cosecha de mañana.

La mentira nunca es buena consejera y menos cuando se trata de tomar decisiones para alcanzar las metas que queremos. Le recuerdo que nada hay oculto bajo el sol. En el futuro, esa mentira sale a la luz y quedamos avergonzados ante los demás, como alpargatas.

Las personas exitosas piensan desde un punto de vista racional y optimista. Ese es el secreto de su éxito; son intuitivos, no toman decisiones con la cabeza caliente y no menosprecian la sabiduría de los demás.

No tome ninguna decisión sin antes poner sus planes, sueños, metas, su vida misma y la de los suyos, delante del Señor. Busque en la intimidad con Él la respuesta a sus necesidades y Él le enseñará la senda a seguir.

Concluyo este capítulo con Nehemías 1.11. Le pido que lo lea, lo medite, lo atesore en su corazón y lo haga vida en su vida.

25

Valórese a sí misma

Revisemos la valoración que usted tiene de sí misma. Le pido que, con toda calma, responda esta prueba muy breve para que trabajemos en un área de su vida muy importante: la estima personal. Sin más preámbulos, aquí están las preguntas:

1. ¿Siente que no se merece nada?
2. ¿Mantiene una actitud de crítica interna que le destruye aun sin usted quererlo?
3. ¿Se siente sola?
4. ¿Tiene sentimientos de inferioridad?
5. ¿Vive dependiendo de la opinión de los demás?
6. Si se esfuerza y no llega al cien ¿se considera perdedora?
7. ¿Reacciona a lo que no le sale bien culpando a los demás?
8. ¿Se siente poco atractiva?
9. ¿Anima a los demás a salir adelante pero es muy dura con usted misma?
10. ¿No valora sus propios talentos aunque sobreestima los que ve en otros?

«Esta es solo una prueba», como dicen las estaciones de radio cuando deben probar sus llamados de emergencia. Pues bien, este es también un llamado de emergencia para que revisemos nuestra estima personal.

Ya que le di algunas luces rojas para llamar su atención, ahora le ofrezco algunas herramientas para que pueda pasar de saldo rojo al verde. Sí, nuestro interior es como una cuenta de banco al que hay que hacerle depósitos. Si no, nos exponemos a la bancarrota y no podemos permitirnos semejante lujo. Al grano.

Como punto número uno, debe descubrir en qué consiste su problema, aquello que está presente, que le molesta pero que no se atreve a enfrentar y que no la deja avanzar en la vida. Cuando sufrimos de baja autoestima pensamos erróneamente que somos consecuencia de algo que no sabemos qué es pero que nos ancla en el pesimismo. Tendemos a enfocarnos solo en lo que nos hace falta, sin tomarnos el tiempo para elaborar una lista de «activos», que no son otra cosa que las cualidades que tenemos.

Para empezar, somos hijas predilectas de Dios. Me gusta pensar que Su corazón es tan inmenso como su amor infinito. Además, como Padre perfecto es capaz de querernos a todas y cada una de nosotras como hijas únicas. Cuando me percaté de eso hubo una explosión dentro de mí que me llenó de vida.

Como punto número dos, aprenda de sus errores. Si ya estamos en la sin remedio y metimos «la pata», entonces tratemos de aprender de ese error para que no sea en vano el mal rato que pasamos. Fíjese en una cosa, la mayor parte de nuestros errores no son catastróficos, tienen arreglo. Entonces, aprenda y deje de estar trayendo a memoria lo que ya arregló y lo que no pudo arreglar o solucionar como quería. Eso solo será «llorar sobre la leche derramada», como sabiamente reza el refrán, y solo contribuirá a que se sienta peor.

El tercer punto no es menos válido, no se desespere porque algo se le salió de control. Debe aprender a seleccionar y trabajar en lo que pueda cambiar, en lo que pueda controlar sin estrés y lo que no pueda, no es necesario hacerlo una tragedia.

Yo, por ejemplo, como soy tan desmemoriada, todo lo apunto y trato lo mejor que puedo de hacer las cosas llevando un orden y cierto control. Sin embargo, hay cosas que no dependen de nosotros sino de otros seres humanos como nosotros. Ahí es mejor mantener la «sangre fría» y esperar con paciencia.

Un ejemplo simple: Cuando organizo alguna reunión en casa, me ocupo de hacerlo lo mejor posible y cuido los detalles. Sin embargo, si no me sale todo perfecto no sufro, lo disfruto y la paso alegremente pues no es fácil tener tiempo para reunir a sus afectos, ya que ellos también están ocupados. Así que ya no sufro como antes, ni me da la chiripioca si algo me falla. Tomo la actitud de invitada y eso me hace sentir feliz. ¡Póngase un baño de teflón para que todo le resbale!

Otro punto, el número cuatro, tome las riendas de su vida, no espere hasta que los demás la aprueben por consenso general y unánime. Eso no es necesario para que actúe ni para que tome decisiones acerca de su vida. Si cae en ello, serán los demás los que tengan poder sobre usted y esto seguirá añadiéndole eslabones a su cadena de amarguras. No somos monedita de oro para tener la aceptación de todos. Usted es responsable de su propia vida. Afróntela.

Y el número cinco, hable positivamente de usted. No es que se eche flores todo el tiempo o adopte una actitud de candidata a algún puesto público, pero si escucha que alguien la halaga acéptelo, no lo menosprecie.

Hay personas a las que usted les dice, por ejemplo: «Qué lindo se te ve ese color de blusa» y contestan: «Esta es una blusa muy vieja que mi prima no quiso más, se la iba a regalar a mi hermana pero yo la vi y con mucha pena se la pedí. Y ya ves, me la dio». ¿Puede ver esta longaniza de palabras? Eso solo se podía complementar con un gesto de agradecimiento aceptando el cumplido: «Gracias, qué amable. Sí, este color me encanta, es mi preferido». Lo agradeció y al mismo tiempo hubo un acto de autoaprobación.

La persona que le hizo el halago no quería saber la vida y milagros de la blusa. ¿Sabe algo? Sonreír y ser amable le da seguridad, así que no menosprecie la sonrisa que va más allá de mostrar unos dientes lindos o unos frenillos de colores. Sonría.

En otro de mis libros aconsejo que se aleje de los «murciélagos emocionales» (en este también lo mencioné). Son esos personajes que están en todas partes y que solo contribuyen a contaminar el ambiente con comentarios llenos de veneno. Sea selectiva si va a consultar o compartir sus cosas y sus sueños. Tenga mucho cuidado con quien lo hace.

Ya no sé por cuál punto voy, pero no importa. Lo que es importante es que aprenda a premiarse a sí misma. Eso no implica necesariamente «engordar» la tarjeta de crédito. Prémiese, por ejemplo, con tiempo libre, una comida en buena compañía, asistiendo a un concierto, tomando clases de algo que siempre le ha gustado hacer.

Ir de compras no siempre es la mejor salida porque es un efecto que no dura mucho sino en la cuenta y el mal momento de ver que ha inflado su deuda. Si tiene recursos sin endeudarse, entonces dése su gustito.

¡Una estelar! Sea agradecida, esto tiene un efecto muy tremendo en nosotras, es un acto de seguridad porque podemos dar las gracias a otros que nos están ayudando. Y otro no menos importante para ser «popular»: No es necesario que le diga sí a todo el mundo, un «no» a tiempo le evitará situaciones difíciles en el futuro.

A veces por ser amables y «buena gente» permitimos que las personas solo nos usen para su propio beneficio. No obstante, a medida que vayamos trabajando en nuestra estima personal eso mejorará hasta llegar a la conclusión de que no tenemos que ser el florero de todas las mesas ni los micrófonos de todos los coros.

Si siente que su autoestima está en la cuerda floja, hable con quien la creó y que no pensó en usted como en una hija apocada. Entréguele a Él esta debilidad y pídale que la fortalezca. Que le enseñe cuán valiosa es usted para Él y que le muestre cómo vivir libre y segura de sí misma, porque primero debe estar segura en Cristo.

26

¿A quién le di mi poder?

Este capítulo es dinamita en las manos porque nos traerá a memoria los errores que cometemos al entregarle nuestro poder a cualquiera. Pero, ¿qué es el poder? De acuerdo a la definición del Diccionario de la Real Academia Española, la palabra *poder* significa:

1. «Tener expedita la facultad o potencia de hacer algo».
2. «Tener facilidad, tiempo o lugar para hacer algo».

En otras palabras, «tener la facultad para decidir qué hacer con el tiempo, y dentro del espacio, en que uno se desenvuelve».

No estoy refiriéndome a una actitud libertina y déspota en la que prevalezca «lo que me parece, como mejor me parece y donde me parece», pues si eso es así, los papeles se han invertido y entonces usted es la que ha tomado el poder de otra persona y ejerce el suyo sobre ella.

Eso lo podemos analizar desde muchos puntos de vista y voy a comenzar con una actitud muy común que luego nos pone a merced de los demás. Entregamos sin darnos cuenta nuestro poder cuando confiamos nuestras cosas a las personas equivocadas.

Una vez en un grupo de consejería, escuchaba a una dama relatando con pelos y señales las intimidades de su relación un tanto conflictiva con su esposo y una de sus hijas. Tenía mis ojos como un par de platos y me sentía un poco incómoda por tantos detalles que, a la larga, en vez de ayudar distraían el verdadero significado de la actividad.

La persona encargada del grupo escuchaba con una paciencia impresionante. Yo, con mi «problemita» de poca atención y a punto de una urticaria, me admiraba por su capacidad de escuchar y esperar sin intervenir.

Sentía que estiraba su relato como un chicle. Y aunque no tengo por costumbre comerme las uñas, un pellejito en el dedo gordo de mi mano derecha me ayudó a pasar el rato de espera, ya que el resto de los participantes también estaban a punto de perder la paciencia. La expositora, si bien es cierto que estaba en su turno, con tanto detalle estaba consumiendo el tiempo de los demás.

Por fin la moderadora interrumpió muy amablemente a la atribulada señora y entre las muchas cosas sabias que le dijo hubo una que me impresionó y ha cambiado mi vida en el área de las confidencias y los confidentes: «Te he escuchado con verdadero interés, pero uno de los consejos más valiosos que te puedo dar es que no "desparrames"».

Nunca había oído algo así. Hubo un gran silencio y la consejera prosiguió diciendo: «Cuando te digo que no desparrames estoy tratando de aconsejarte que las intimidades de tu casa y tu matrimonio no se las cuentes a cualquiera. Debes guardártelas para ti misma y, en caso de necesitar un consejo, busca a la persona adecuada ya que de lo contrario estarás entregando tu poder a otros».

Pude entender claramente a qué se refería la consejera. Cuando andamos contándole nuestras cosas a todo el mundo, estamos exponiéndonos a convertirnos en el hazmerreír de los demás y, en algunos casos, hasta podemos ser víctimas de chantaje, ¿qué le parece?

Al confiar nuestros temores, pensamientos y hechos a la persona equivocada, estamos literalmente entregándole nuestro poder. Yo misma, después de oír aquella frase, «no desparrame», he tenido que modificar mi conducta y ser muy cuidadosa en cuanto a mis cosas. En primer lugar, creo y lo vivo: Dios es el mejor confidente. En el tiempo que pasamos en intimidad con Él, uno recibe instrucción y consejo en cuanto a qué hacer y a quién dirigirnos. Sin embargo, entregar nuestro poder implica rendir nuestra voluntad.

Si bien es cierto que creo que Dios es cabeza del hombre y éste cabeza de la mujer, también pienso que Dios no le dio una cadena, un megáfono ni un bate para que ejerciera su autoridad sobre ella. Eso más bien sería una dictadura. Dios le dio instrucciones claras en cuanto a cómo tratar a la mujer, con delicadeza y sabiduría. Pero nosotras, las mujeres, muchas veces interpretamos mal aquello de darle todo al ser amado, ya que dentro de ese todo le damos nuestro poder, hasta para pensar.

No es una ni dos, ni tres veces que me he encontrado con mujeres que son prácticamente un cero a la izquierda. Permítame decirle que el otro día llegó una mujer relativamente joven a buscar empleo. Siempre tengo dos sillas en mi pequeña oficina, así que la llamamos. Lo que me pareció raro fue que llamamos por el nombre de una dama y se presentó un caballero. Le pedí que tomara asiento y con un poco de arrogancia me dijo: «Señora Morales, saqué a mi esposa del trabajo porque creo que no es lo que le conviene. Por favor, dígame qué tiene para ella».

Aquello me hizo pensar que yo era la mesera y el caballero un cliente que deseaba ver el menú. Le hice las preguntas pertinentes, me las contestó al pie de la letra y luego le dije: «¿Está su esposa en casa? Me parece que hubiese sido ideal que viniera para ayudarla mejor». Me contestó como un cohete: «Ella está aquí, la dejé sentada en la sala de espera». No sé si me dieron ganas de reír o de llorar. Se levantó y con un chasquido de sus dedos la hizo llegar, pero prácticamente para nada, pues no la dejó casi ni hablar.

No pude hacer nada por ella ya que todo lo que le proponía de acuerdo a su experiencia y uso del idioma le parecía suficiente a aquel señor. Obviamente, esa mujer le había cedido su poder de decisión y de superación a su esposo. Lloré por dentro.

Hay casos en que les entregamos nuestro poder a nuestros hijos. Invertimos por completo los papeles. Son ellos los que, sin aportar ni un peso, llevan las riendas de la casa. Estos padres —mal entendiendo el amor que les tienen— los complacen en todo y los educan para que sean tiranos y para que un día los pongan en un taxi directo al ancianato, sin derecho a visitas.

Las madres somos ese «azúcar» que endulza la vida, pero cuando nos pasamos de complacientes y querendonas, el azúcar se convierte en hiel, y nos da frutos amargos: hijos rebeldes, crueles, insensibles. Hijos que toman el poder porque las madres débiles se lo entregaron en bandeja de plata. No en balde aquí, en Estados Unidos donde hay organizaciones de apoyo para todo, existe una muy específica, y es para reforzar nuestro amor de madres. Dicha institución nos enseña a amarlos con disciplina y nos inculca que el poder lo tenemos nosotras como madres y como adultos.

A veces cedemos el poder a nuestros jefes y supervisores, a nuestros superiores, etc. Y si bien es cierto que debemos reconocer la autoridad, no lo es menos que hay un límite para todo. Cuando le decimos a todo que sí por quedar bien con el jefe, le estamos permitiendo traspasar esa línea invisible del respeto, ya que puede hasta limpiar el piso con nosotras.

Cuando nos enredamos en relaciones extramaritales, le entregamos el poder a la persona que está con nosotros y también a los que se «comprometieron» a guardar el secreto. No quiero ni imaginarme los dolores de cabeza que produce estar en situaciones irregulares y peligrosas que nosotras mismas nos buscamos.

Creo que una señora casada no debe ir con todos los compañeros de oficina a festejar «las horas felices» en ningún bar después del trabajo. Eso puede convertirse en pesadilla. Además, en su casa están esperándola para compartir horas y momentos más felices y seguros.

No es nada raro que cuando establecemos relaciones mercantiles en las que impera la ilegalidad también le estemos entregando nuestro poder a los «socios» y cómplices de tales negocios.

Así que, mis queridas amigas, para muestra un botón. Dios nos ideó y creó como seres libres, con poder de decisión para que nos desarrollemos y crezcamos haciendo el bien dondequiera que estemos. Por eso es muy importante que eduquemos a nuestras hijas. Que les enseñemos que el amor no es hacer todo lo que el otro nos pida, amor no es entregar nuestra voluntad y nuestro poder al otro. Recuérdeles que al único al que le podemos y debemos entregar nuestra voluntad es a Dios porque Él es lo suficientemente pleno, justo, amoroso y sabio para hacer de nosotras sus amadas hijas, seres especiales, capaces de amar y dar sin perder nuestra libertad de acción. Somos mujeres que reconocemos que Dios reviste de autoridad, pero no crea dictadores que aterroricen a sus hijas.

Este capítulo no es para que saque su repertorio y un bate, sino para que le pida a Dios que la ayude si se siente subyugada y maltratada. Para que la saque de ese hoyo y recupere el poder de amar, pensar, decidir, vivir y desarrollarse plenamente. Así que no confunda la magnesia con la gimnasia.

27

Usted es única en la creación pero, por favor, ¡*delegue*!

Son más o menos las seis de la mañana, cae un aguacero de aquellos que solo dan ganas de volverme a la cama que dejé de un salto hace una hora, y acurrucarme de nuevo en mis sábanas calientitas pero... los que tenemos ideas revoloteando en nuestra mente sabemos que si no las soltamos en un papel o en la pantalla de la computadora, volaremos junto con ellas y andaremos desenfocados el día entero. Por eso, ahora que tengo tiempo: ¡manos a la obra!

Este es un capítulo que no puede esperar ya que ayer, precisamente ayer, escuchaba estupefacta los extremos de lo que es querer hacer todo una sola y, para colmo, perfecto.

Llamaré a mi amiga «la esposa del ratoncito Pérez». Una mujer joven, esposa y madre de dos lindos niños que, en su intento por cuidar y amar a su familia, a veces traspasa la raya de lo que es razonable, ya que vive robándole tiempo a sus horas de sueño. Pero lo que les voy a relatar sucedió hace muchos años, cuando su «perfección» la mantenía esclava de muchas cosas, entre las que estaban sus sufridos intestinos.

«Hada, ¿dijo intestinos?» Sí, dije intestinos pues, como les he venido diciendo, nuestro cuerpo tiene memoria y va acumulando la factura hasta que un día la envía a través de uno de sus miembros, ¿cómo la ve?

Y por si todavía le cabe alguna duda, nuestro cuerpo es el blanco de la insensatez del dueño que habita, que mas bien parece un dictador o el chofer de una carcacha vieja al que no le importa qué pase con ella. Pues cuando estamos jóvenes nos creemos invencibles, solo que el cuerpo —como dicen en mi amada Nicaragua— «nos espera en la bajadita» para entregarnos personalmente y sin emisarios ni terceros la cuenta pendiente.

Uno de los desajustes más comunes, por decirlo de alguna manera, es el estreñimiento; en el que muchas caemos porque estamos tan ocupadas que no ir al baño dos o tres días seguidos no es problema. Y seguimos corriendo, ya no solo con una agenda recargada sino con un cuerpo intoxicado.

«Pero, Hada María Morales ¿qué tiene que ver eso con el título de este capítulo? Me siento perdida». Tal vez lo esté diciendo ahora mismo, pero no se apure que ya le vamos a encontrar el punto en común al asunto.

Desde mi punto de vista, creo que llegamos al extremo de la «esposa» del ratoncito Pérez porque no nos tomamos el tiempo de hacer un alto y examinar nuestra vida —especialmente en cuanto a lo que estamos comiendo— para darnos cuenta de que la comida chatarra que ingerimos entra fácil, pero se «tarda» demasiado en salir.

Entonces empiezan los mareos, que no son producto de un bebé en el vientre sino de una acumulación nada loable en nuestros intestinos. Nos sentimos lentas, con pereza, dolores de cabeza, claro y, ¿cómo no?, si llevamos un tanque séptico dentro de nuestro amplísimo sistema digestivo. La esposa del ratoncito Pérez, por estar siempre ocupada y preocupada haciendo todo para todos y a su manera perfeccionista, descuidó su salud.

Tal vez piense que soy un poco prosaica, ¿cómo se me ocurre relacionar los problemas digestivos con delegar? No juzgue a la ligera, esto es apenas un ejemplo simple pero con consecuencias terribles, ya que cuando la tienen que llevar a la sala de emergencia porque tiene un estreñimiento de más de cinco días, el asunto adquiere ribetes de peligro.

Mi amiga se tuvo que sentir en una situación muy desagradable pues, aquí entre nos, ir al hospital porque anda literalmente cargando un tanque séptico en su cuerpo es un tanto penoso. Y ni hablemos lo que es el proceso para «vaciar» ese tanque acumulado de basura corporal por falta de cuidado.

No es necesario que por hacerlo todo nosotras solas y querer llevar la batuta en cada movimiento de nuestras vidas —y la de los demás— olvidemos llevar el control de nuestro cuerpo.

La excusa de la «esposa» del ratoncito Pérez era que tenía tantas cargas y obligaciones que a veces no contaba con el tiempo ni para respirar. Señora Pérez, esa excusa ya tiene un hueco. Está más gastada que la suela del zapato de un caminante.

Y es que, al querer hacer todo, no hay tiempo para nosotras mismas. Por ello, finalmente entra la gran protagonista de este capítulo, nada más y nada menos que la palabra que todos temen: *delegar*.

Le temen los que tienen el poder, la sartén por el mango, todos los cómodos y hasta haraganes que desde su zona de comodidad prefieren que la mamá o la esposa —que alardea de su testarudez al no ceder ni un ápice de su «imperio» y que si vemos bien es más la esclava— se desgaste innecesariamente porque «primero muerta, antes de dejar que otros toquen sus cosas».

Efectivamente tanto desgaste y control la pueden llevar un día al hospital y eso si anda con suerte; si no acaba en un ataúd y, querida amiga, tal vez le suene cruel pero cuando el gato está afuera los ratones hacen fiesta.

Deje a un lado esa obsesión de sabelotodo y la espantosa manía de controlarlo todo. Sé que al comienzo no será nada fácil ya que han sido muchos años haciendo lo mismo, pero si no empieza hoy mismo a poner orden en su vida, su cuerpo en algún momento se lo reclamará. Si no pone atención a las luces rojas que le está enviando, tendrá que pasar la pena de ir a un hospital en las condiciones en que —nuestra muy ponderada y respetada amiga— llegó la esposa del ratoncito Pérez.

El hogar es una gran sociedad, un negocio de *todos*, no solo suyo. Si bien es cierto que usted es la mamá, solamente es eso. Las supermamás solo existen en las revistas, en los hospitales, en las farmacias buscando laxantes... o en los cementerios.

Esto solo es una señal de alerta, la esposa del ratoncito Pérez no comprendió a tiempo cuán importante es vivir organizadamente y *delegar*.

Comprenda que usted es única, no hay otra igual en toda la faz de la tierra. Yo, por ejemplo, soy gemela de Carmen María y, aun así, las dos somos diferentes. Cuide el tesoro de la salud que Dios ha depositado en usted y no lo desperdicie por ser tan obstinada.

Pídale a Dios que la ayude, que la llene de sabiduría y *tolerancia*. No se desespere si a los demás miembros de su familia no les quedan las cosas tan «perfectas» como a usted. Déles el chance de que traten por sí mismos y verá cómo lo irán haciendo cada vez mejor.

Después de leer este capítulo, le sugiero que elabore una lista detallada de sus actividades, tanto en el plano personal como de su hogar, el laboral si es que trabaja fuera de casa, etc.

Muchas actividades que nos echamos encima no es necesario que las llevemos a cabo nosotras mismas, podemos *delegar*. Sí, sí, *delegar*. Esa es la clave para ocuparnos de asuntos más importantes como nuestra salud y nuestro descanso. ¿Que cómo sé tantos detalles acerca de esto? Tuve que vivir ese proceso de aprender a delegar y lo logré.

Posdata: Pero no tuve que ir al hospital con un camión de desechos sépticos en mi intestino.

28

Sea amiga para que tenga amigas

Me encantó descubrir en la Palabra de Dios un versículo que dice que el amigo es más cercano que un hermano. Y creo que es verdad, los hermanos no los escogemos pero a los amigos sí, y claro que podemos ser amigos de nuestros hermanos. Mi hermana gemela y yo somos muy amigas, y no es porque además de ser hermanas seamos gemelas, sino porque hemos aprendido a respetarnos y a querernos en el plano de la amistad.

También podemos ser amigas de nuestros esposos, no es muy fácil ni muy común, pero se puede lograr, aunque en algunos casos esto es entrar en la categoría de milagro. Con el favor de Dios, todo es posible.

El concepto de amistad en realidad es algo muy especial. Sin embargo, hay personas que a todo el mundo le llaman mi querido amigo. Creo que debemos detenernos un momento y clasificarlos en amigos y conocidos. Un conocido es una persona con la cual tenemos un trato cordial, pero que no pasa de ser eso. Es alguien que cuando nos encontramos con ella nos da gusto verle y hasta podemos mantener un tipo de relación. Sin embargo, hay un muro invisible que se levanta y que ni esa persona ni nosotras queremos traspasar. Es un tipo de relación un tanto ocasional y superficial.

Un amigo o amiga es otra cosa, hay un lazo más cercano, existe una comunicación regular y ni a esa persona ni a nosotras nos molesta si a cualquier hora nos urge un oído y un corazón como el de ellos. Ahí están y estamos también nosotras, si es que es ese amigo o esa amiga quien necesita de un corazón y de un oído para ventilar su pena o su alegría.

Por lo general, las personas relacionan la verdadera amistad con situaciones difíciles. Y tienen mucha razón ya que cuando hay un problema muchos nos quedamos más solos que la una. No obstante, creo que también se reconoce a un amigo cuando se siente feliz, si todo nos está saliendo bien, así él esté pasando por un desierto.

Si en algún momento una de nuestras amigas viene lo más contenta a comunicarnos que la carta, el contrato o el dinero que estaba esperando le llegó y está sorprendida porque ha sido más de lo que esperaba, y en vez de que nos salte el corazón de alegría sentimos que se nos activan unas arañas peludas en el estómago y vemos nubes de la envidia, entonces no somos tan amigas.

Para tener amigas definitivamente hay que ser amigas y una verdadera amiga siempre está atenta para no solo llorar con nosotras, sino para alegrarse cuando todo nos sale de maravilla.

Ser amiga es escuchar con atención y aconsejar con sabiduría. No que cuando nos pidan consejos nos volvamos unas matronas imposibles y crueles porque hay que ser directas y sinceras. Si es así, en realidad lo que somos es demasiado directas y garroteras.

No es necesario recurrir a la crueldad para hacer pensar a una amiga, solo le pregunto: ¿Le gustaría ir a consultar a su amiga con una situación por demás difícil y que ella, aun teniendo la razón, se la deje ir acompañada de una ráfaga de ametralladora? Por supuesto que no. Para ser amigas tenemos que aprender a colocarnos en los zapatos de las demás, solo desde ese lugar podremos comprender y ayudar sabiamente a quien nos necesite. Es muy fácil emitir juicios y discursos sobre la situación de otros, pero cuando nos toca el turno en la trituradora de la vida entonces queremos que nos traten con delicadeza y comprensión. Si queremos ser tratadas así, definitivamente nosotras también debemos tratar con delicadeza a las demás personas.

En esta oportunidad de trabajo que me ha dado Dios, sirviendo a personas con muchas dificultades —unas más duras que otras— he aprendido a subirme y bajarme de las botas, chancletas, zapatos deportivos, alpargatas, tacones altos y suecos de las personas a quienes sirvo, y desde ese ángulo tratar de entenderlas para poder ayudarlas.

He aprendido a ser amiga de ellas, además de su servidora pública, lo que me ha dado resultado pues ha sido la manera de llegar a su corazón y recibir frutos hermosos de mi esfuerzo.

Por eso y mucho más debemos cultivar con amor y sabiduría el tesoro de la amistad. Sé que no siempre estamos en una actitud de «cuéntamelo todo» ya que nuestras propias cargas nos doblegan. No obstante, si de verdad somos amigas de alguien, siempre habrá un lugarcito en nuestro corazón y una dosis de energía y disposición para escuchar.

No olvide nunca que un amigo es más que un hermano... ¡cuídelo!

29

Comuniquémonos

Cuando yo era niña en Nicaragua, mi país de origen, había una publicidad muy popular en la radio que anunciaba una leche con chocolate. Una madre llamaba a su hija por teléfono y le decía algo más o menos así: «¿Compraste leche El Hogar?» Y la otra, supuestamente desde un lugar recóndito del país —por lo mal que se oía la comunicación— le contestaba: «¿Que quién se ahogó en el mar?» Mi esposo y yo, que somos de la época de la famosa publicidad radial, cuando no nos entendemos o uno no escucha bien al otro y contestamos algo disparatado, decimos: «¿Que quién se ahogó en el mar?» Esa es la clave para declarar que no nos estamos comunicando. Nuestros hijos también son parte de esa manera un poco inusual de decir: «No te entiendo explícate, háblame claro».

A veces los problemas surgen porque no nos sabemos expresar. El meollo del asunto es la manera en que decimos las cosas. De modo que si se trata de una persona tipo «fosforito», que se enciende por cualquier cosa y todo lo toma a mal, se armará un lío en un dos por tres. Hay personas que creen que comunicarse es hablar como unas loras sin freno y no están dispuestas a dejar hablar a nadie. He vivido casos en que tengo que estar atenta esperando que mi interlocutor respire para entrar a exponer mi parte, lo que es muy estresante y no se saca nada de provecho.

Todos los días se arman Torres de Babel. Me desespera cuando todo el mundo habla al mismo tiempo, eso se ve mucho en los shows de televisión y en mi comedor laboral a la hora de almuerzo. ¡Parece una caja de grillos! Todo el mundo quiere hablar al mismo tiempo. En esas situaciones no me faltan ganas de tener un silbato o tomar mis cosas e irme a un lugar más tranquilo a comer. Es bonito convivir con los compañeros pero esa habladera al mismo tiempo es fatal. Y lo mejor es que todos creen que se están comunicando. Rara manera de comunicarse, ¿no?

Para comunicarnos de verdad tenemos primero que escuchar con atención y responsabilidad a nuestros esposos, hijos, padres, compañeros de trabajo y otros. No tenemos por qué ponernos a punto de «caramelo» porque queramos imponer nuestro criterio. Eso no es comunicación, es imposición. Escuchar con atención nos da la ventaja de poder contestar o seguir la conversación con respeto, así no estemos de acuerdo con los puntos de vista expuestos en ella.

Yo sufro por ser una persona muy acelerada y no me hace nada feliz que otro me describa algo con pelos y señales. Eso me pone a millón. Mi esposo es todo lo contrario, es pausado y le gusta ser muy descriptivo. Llego a un punto, cuando hablo con él, que creo que me va a salir un brote de urticaria, se me va a bajar la presión o mínimo me va a dar un ataque de caspa. Así que con frecuencia, hago un gran acopio de paciencia y lo escucho hasta el final. Otras veces... lo «ayudo» a llegar al punto.

No olvidemos que las personas desean ser escuchadas, entendidas y también aceptadas, por lo que la manera de ayudarlas es escuchándolas con atención. No hay cosa más horrible que usted esté hablando con alguien y esa persona esté viendo al cielo o al suelo, a la mosca que se paró en la pared, todo menos a usted. Esto, además de una descortesía, es realmente desesperante.

Hace apenas unas semanas visité a cierto vendedor para presentarle un proyecto. He tratado con él por varios años, pero me sentí muy humillada cuando le estaba hablando porque no hacía otra cosa que ver su computadora para revisar sus mensajes. En ningún momento levantó la mirada. Así que di por terminada la conversación y después de sentirme como una pulga me dije: «A otra cosa mariposa, no le pidas peras al olmo», y acto seguido salí de su oficina.

¿Que si me enojé? ¡Por supuesto! Pero ese acto de falta de cortesía y comunicación cero no me iban a echar a perder mi día. Vivimos en un mundo donde muchas personas solo quieren «halar agua para sus molinos» y no les interesa escuchar a los demás. Sin embargo, no se ponen a pensar que con un poco de cortesía y atención, todos estaríamos en la misma frecuencia comunicándonos adecuadamente.

No es con la intención de echarme flores, pero creo que el éxito que Dios me ha dado al recibir una excelente respuesta de mis estudiantes es que he tomado la decisión de escucharles y solo así puedo ayudarlas, a la vez que me ayuda a mí con mis niveles de atención tan pobres. La comunicación es definitivamente un camino de doble vía.

Le sugiero que hable específicamente, no se vaya por la tangente ni se floree demasiado. Expresarse de forma directa le ayudará a mantener fluyendo la conversación y si es algo que tiene que resolver, se arreglará cuando aborde los puntos y les busque solución sin imposiciones, por supuesto.

Escuchar eficazmente es la clave para una comunicación realmente efectiva. ¿Por qué cree que Dios nos dio dos oídos y una boca? La boca para hablar una sola vez y los oídos para poner más atención, el doble de atención a lo que nos dicen. Por eso hay momentos en que hay que apagar la lengua y encender los oídos.

Para una comunicación efectiva debemos tomar en cuenta lo siguiente:

- Evitar interrumpir cada dos por tres.
- Debemos mantener contacto visual con nuestro interlocutor.

- Permitir que la otra persona exprese su opinión, no apoderarnos de la guitarra, como dicen en Nicaragua cuando no dejamos hablar a nadie.
- No hablar de lo que no sabemos. Hay personas que lo que no saben lo inventan y lo que no pueden inventar lo enredan con tal de lucir bien.
- Procuremos ser comprensivos con la persona que nos cuenta algo, tal vez triste, de su vida o de una situación específica que necesita consejo.
- Demostremos interés en lo que la persona nos está contando.

Solo así podremos, en realidad, decir que nos estamos comunicando. De lo contrario, sería un monólogo o una cátedra, como me pasa a veces con ciertas personas de las que prefiero omitir sus nombres.

Parte crucial de una vida sana es saber comunicarnos. Si no lo hemos logrado hasta hoy, ejercitémonos primero en el arte de escuchar, es el primer paso.

30

Estoy brava, ¿qué hago?

No, por favor, no se asuste. No la voy mandar a buscar un rollo de cinta adhesiva para que selle su boca y deje de andar por ahí diciendo cosas ofensivas y cundidas de veneno que después le pueden pesar. Veamos este asunto de la ira desde este punto de vista muy sencillo: La ira o el enojo es algo totalmente natural. A veces es como un desahogo porque no somos de «hierro», como suelen decir las personas por ahí, a lo que yo agregaría que tampoco somos de «granito».

Pero cuando este sentimiento tan natural se pasa de la raya y se deja ir como un potro desbocado, entonces la cosa cambia. En estos casos, estamos en peligro nosotras y los pobres que están a nuestro alrededor. Un ataque de ira puede causar problemas muy serios tanto a nivel personal, matrimonial, familiar como laboral.

No es la primera vez que escuchamos que un esposo estaba tan enojado que le dio un balazo a su esposa o que una esposa estaba tan fuera de sí que además de su «repertorio», le lanza una ráfaga de platos por la cabeza, o que un empleado golpea a su jefe o viceversa. La ira no reconoce límites ni rangos. Cuando le damos lugar para desatarse, lo hace y va dejando a su paso dolor, lágrimas y hasta pérdidas humanas y materiales. Dicen los expertos que la ira es un estado emocional que varía de intensidad.

Cuando es algo leve es porque solo estamos airadas. Sin embargo, recuerde que Dios nos permite que nos airemos pero nos da instrucciones de no pecar. La ira puede convertirse en furia y pasar a ser rabia. Cuando estamos enojados, el corazón se altera y la presión arterial se dispara. Por otro lado, un estado de ira o de enojo puede ser causado por situaciones externas o internas.

Cuando es externa, es provocada por situaciones como esas tan comunes y que a veces me ponen a millón: el tráfico y no solo eso, si no los choferes, que se creen los dueños de las carreteras y de las vidas de los demás.

Las situaciones internas pueden ser provocadas por el enojo con un amigo, un hijo, un compañero de trabajo o cuando estamos muy preocupados por algo que no podemos resolver por nosotros mismos o a la brevedad que deseamos. En esas situaciones hay cierto sentimiento de impotencia que nos genera ira.

La ira obedece como a una orden activada por un botón y el resultado es responder con cólera, responder de forma agresiva. Estar enojados o con cierta ira por circunstancias que se nos presentan día a día no es el problema. El problema es cuando por cualquier cosa nos enojamos y vamos dando «batazos» físicos y emocionales a todo lo que se nos cruza por el camino.

Dios realmente no nos ha dado espíritu de temor sino más bien de dominio propio. Por esto, debemos aprender a expresar nuestros estados de ira de manera centrada, sin darle rienda suelta a nuestro «repertorio» o a nuestra fuerza física.

Sé que no es fácil, he pasado por eso y a veces siento que voy a reventar. El Señor me ha enseñado a ver más allá, por lo que —haciendo de tripas corazón— me controlo, ya que recoger los frutos de un enojo descontrolado es, además de doloroso, vergonzoso.

Por eso muchas personas, después que dan rienda suelta a su enojo, se expresan de esta manera:

- «Si solo me hubiese detenido a pensar un ratito».
- «¿Por qué me porté como un troglodita?»

- «¡Ay! Si mi gato es más juicioso que yo».
- «No, no puede ser, se me cae la cara de vergüenza».

Debemos aprender a respetarnos y a respetar a los demás. Cuando estamos fuera de nuestras casillas, nos exponemos a que los demás nos paguen con la misma moneda: con falta de respeto. Creo que cuando surgen esas situaciones casi explosivas, hay que tratarlas de inmediato. Guardar la ira no es otra cosa que alimentar rencores que de un momento a otro saldrán a la luz.

Hay personas que a simple vista son pasivas, incapaces de un acto agresivo, pero cuando alguien les pincha el lado flaco, tal vez ira reprimida, se vuelven unas fieras adornadas de un vocabulario de alcantarilla. Otros, sin embargo, se vuelven cínicos e hirientes y no pierden oportunidad para esparcir su veneno. Mi mamá decía que había que contar hasta diez. Ella lo podía hacer porque era la prudencia en persona, pero yo necesito mucho más que diez.

Para corregir la ira «desbordada» y evitar a toda costa que no llegue la sangre al río debemos identificar nuestra actitud. No siempre los demás son los causantes de que nos enojemos. A veces, cuando recordamos algo que no superamos, es como si nos apretaran un botón trayéndonos al presente las situaciones parecidas o relacionadas con el hecho que vivimos tiempo atrás.

Es importante que identifiquemos aquellos factores de nuestra niñez que nos causaban incomodidad y hasta rabia. Hay heridas que si no las exponemos y nos proponemos sanar con la ayuda de Dios, seguirán haciéndonos el mismo daño que cuando sucedieron los hechos.

Hay maneras legítimas de expresar la ira y una de ellas es aprendiendo o tomando la decisión contundente de perdonar a los demás, perdonarnos a nosotros mismos y pedir perdón. Muchas de las barreras que levantamos a nuestro alrededor son alzadas con la hiel proveniente de la ira. De modo que nos alejamos, encuevamos y nos comemos el hígado porque la ira nos tiene en sus garras, esta ahí medio dormida esperando el momento de activarse.

Si usted es una mujer «fosforito» y reconoce que eso le está causando daño y enfermando a su familia y a usted, no pierda más tiempo y clámele a Dios con todo su corazón para que la rescate de ese infierno que es vivir enojada y amargada por todo.

Si llueve, malo; si hace calor, pésimo y si no llueve, estalla en ira. Cualquier cosa es suficiente razón para reventar como un polvorín. No pierda más su tiempo ni continúe por ese camino de amargura. Sé que está llena de cualidades, pero una persona lista para estallar por cualquier cosa anula lo demás pues con su falta de control lo echa todo a perder.

31

¡Soy libre!

Le pido, por favor, que antes de continuar la lectura vaya al libro de la perfecta sabiduría y busque Gálatas 5.1. Es alentador leer ese versículo, en el que nos encontramos con palabras como: firme, libertad, sujetos, yugo de esclavitud, etc. Jesús nos dice con toda propiedad que nos ha hecho libres, que nos mantengamos firmes y que no estemos sujetos al yugo de esclavitud. La libertad en Cristo en relación con el yugo de la esclavitud es como el día y la noche, el color blanco y el color negro. El Dios que yo conozco no es un dios de medias tintas. Pero, ¿qué es un yugo de esclavitud?

Hay más de uno, mi amiga, y puede ser la soberbia, el temor, una adicción a cualquier cosa pecaminosa o que nos destruye; puede ser una relación peligrosa o enfermiza que sabemos que nos hace daño pero no podemos salir de ella, y tantas cosas más que cada una de nosotras conoce. Son esos yugos que no nos dejan volar en libertad.

Si vamos a Juan 8.32 tácitamente el Señor nos dice: «Y conoceréis la verdad y la verdad os hará libres». Tal vez piense: «Hada María, eso ya lo he oído mil veces». Y yo le pregunto: «Sí, está bien, lo ha oído dos mil veces si quiere, pero, ¿lo ha atesorado en su corazón y lo ha dado por hecho en su vida?» La verdad de la que nos habla las Escrituras es posible si, y solo si, buscamos del Señor en su propia Palabra.

Por experiencia propia puedo decirle que es la única manera que he conocido para que las escamas de mis ojos y las cortinas de mi entendimiento cayeran. Poco a poco he vivido un proceso de transición de las tinieblas a la luz.

La verdadera libertad llega a nosotras cuando sabemos realmente quiénes somos en Cristo y cuando conocemos los planes hermosos que tiene dispuestos para nosotras. Pero, ojo, nosotras y solamente nosotras, somos las únicas que podemos decidir si seguimos ancladas y pegadas al yugo que nos aprisiona o si levantamos vuelo y dejamos en el pasado eso que nos aprisionaba y nos alejaba de Dios.

Muchas de nosotras nos obstinamos en que si el pastor fulano no ora por nosotras o si en la iglesia tal no nos hacen una liberación, no seremos libres. No, mi amada, Dios no trabaja así. Si bien es cierto que sus siervos están aquí para llevar la obra, el poder no viene de tal o cual pastor, el poder está en y viene de Cristo, que es quien sana, salva y libera. No lo dude nunca. Bien nos dice una y otra vez su Palabra que no hay otro mediador entre Dios y el hombre que Jesús. Por eso podemos ir directamente a Él para confiarle nuestro corazón enmarañado con tantos yugos y temores.

Algunas quizás hemos andado en «procesión», de campaña en campaña de liberación y esperamos que se produzca la liberación esperada. Lo último que hacemos es orar. Queremos la solución rápida, tipo microondas. Pero, definitivamente Él no trabaja así, tenemos que dar el primer paso, que es activar nuestra planta de energía: ¡Orar!

Amiga querida, para ser liberadas y caminar en completa libertad no se necesita un espectáculo religioso, ni tantas piruetas. Jesús fue directo, no perdía el tiempo con oraciones; iba directo al Padre y así liberaba a la gente de sus yugos. En Marcos 2.11 libera al hombre de su mano seca, se la deja lista para usar. En Marcos 4.39 detiene la tormenta y libera a los discípulos de su temor de morir ahogados.

Cuando nos sintamos atrapadas en nuestras propias circunstancias, y con un yugo que nos detiene en un punto muerto o que no nos deja salir del desierto, no esperemos solo que las hermanitas de la congregación oren por nosotras. El primer paso hacia la libertad debemos darlo nosotras. Dios solo ve el corazón que le invoca, ve la sinceridad y la fe de ese corazón que le suplica la libertad que solo puede venir de Él.

Y, queridas amigas, la oración provoca acción, no es solo para la contemplación. El Señor espera que seamos unas guerreras que avancemos seguras y firmes a la meta. Quiere que peleemos las batallas sintiéndonos libres, ya que Él nos confirma que cada vez que nos acercamos al trono de la gracia y estamos expuestas a su Palabra, avanzamos hacia la libertad.

Al conocer lo que Dios quiere para nosotras, el enemigo nos podrá poner en jaque un momento, pero para eso está el escudo de la fe y el conocimiento de la Palabra, que es nuestra espada para pelear seguras y dar un grito de gozo que proclame: «Soy libre, Cristo me ha hecho libre».

32

Planee para triunfar

Me atrevo a decir que esta frase tan sabia que escuché un día de boca de una de mis estudiantes le hará pensar, como me ha hecho pensar a mí. No sé de quién es, pero encierra un tesoro en sí misma: «Tu altitud depende de tu actitud». Por lo general, debido a mi trabajo, Dios me da la oportunidad de nutrirme de mensajes muy lindos y creo que este es uno de ellos.

La persona que solo tiende a ver sus defectos y sus carencias —con su actitud negativa y de perdedor— lo que hace es cavar el hueco donde él y los suyos pueden caer en menos de lo que canta un gallo. No me cabe duda que detrás de las historias de éxito de muchas personas hay actitudes de ganadores, así las cosas no estuvieran saliendo a pedir de boca en un momento dado. Me gusta eso de: «Si del cielo te caen limones, aprende a hacer limonada».

El éxito no solo se teje con aciertos, sino también con errores. No voy enumerar esos que siempre nos ponen de ejemplo porque usted ya los conoce. Hoy la protagonista de este capítulo es usted mujer. Quiero que me acompañe a recorrer un camino corto y a veces angosto. Es el camino a lograr lo que nos proponemos y que denominamos éxito.

Las personas exitosas sí cometen errores, pero sacan ventaja de ellos, aprenden y no desperdician la oportunidad para crecer. Tenga en cuenta lo siguiente, cualquiera puede ser exitoso siempre y cuando esté claro en cuanto a su visión y su misión; esté dispuesto a perseverar y, sobretodo, a depender de Dios.

La persona exitosa es humilde. Reconoce sinceramente que necesita de los demás y está más que consciente de que el hecho de aceptar ayuda no le resta méritos ni la hace menos exitosa. No me canso de decirles que el éxito no está siempre relacionado con carretas de dinero. Eso es lo que el mundo dice, pero hay veces que el dinero fabrica «imágenes de éxito» y lava reputaciones. Sin embargo, el éxito verdadero viene primero de nuestro interior, y luego tenemos que desearlo y trabajar con él.

Me considero una persona exitosa y no necesariamente soy millonaria. Tenga mucho cuidado con pensar que todo lo que brilla es oro. Los exitosos también tienen situaciones que resolver, problemas que enfrentar. No están curados de «espanto» ante las circunstancias de la vida, solo están listos para enfrentarlas porque saben lo qué quieren de la vida.

¿Cree que debe escuchar que la gente diga que usted es exitoso para serlo? ¡Claro que no! Bájese de esa nube. No espere de los demás, espere de Dios y *dependa* de Él. Si lo que estamos haciendo goza de la *gracia* de Dios, un halaguito para «termómetro» no cae mal. Pero que Él le haga sentir lo contento que está con su trabajo, eso es lo que realmente cuenta. Tome en cuenta las opiniones de los demás, pero no las haga ley para su vida.

La persona exitosa se fija metas específicas, no anda a la deriva desperdiciando tiempo, dinero ni esfuerzo. No anda brincando de sueño en sueño y de meta en meta perdiendo su tiempo, que es su capital de trabajo. Sabe que sus recursos no son ilimitados y los usa adecuadamente.

No somos seres perfectos y ¡qué alivio saberlo! Pero para ser exitosos debemos tomar en cuenta que debemos lograr un equilibrio en la vida. Como guía, tome por referencia la lista que le voy a dar. Ser exitosos no solo es trabajar como desesperados sino trabajar de manera inteligente, tomando en cuenta aspectos como:

- Tiempo a solas con Dios. Es de estas reuniones que salen los proyectos para nuestra vida.
- La familia. No caiga en la trampa de que trabaja horas casi interminables para darles todo lo que quieren, ellos le quieren a usted y le agradecen lo que hace por ellos, pero no los descuide.
- La profesión o trabajo
- La educación
- El tiempo libre. No somos máquinas, ¡y hasta estas tienen que pasar por un mantenimiento!
- Las finanzas

Como usted es la protagonista de este capítulo, le toca continuar agregando —de manera muy particular— las otras áreas de su vida que debe atender para lograr ser exitosa.

Entonces, manos a la obra y recuerde lo que le dije al principio: «De su actitud, depende su altitud».

33

Sus manos, las manos de Dios

Hace ya algún tiempo que escuché esta frase de boca de un predicador y se quedó grabada en mi corazón. Desde entonces no he dejado de pensar en ella y me ha servido de inspiración en mi diario vivir, sirviendo a personas en situaciones realmente desventajosas, en especial a mujeres que llegan a mi vida con sus hilos muy enredados. No voy a negarles que hay momentos en que me siento un tanto inútil cuando no puedo dar ni avanzar más para ayudarlas de manera eficaz.

Déjenme contarles un poco de mi día de ayer. Literalmente caminé sobre un desierto de arenas muy calientes en el que me invadió la tristeza. Como cada mañana, me levanté a caminar, pues, como ya les dije, ese es mi tiempo de comunicación íntima con mi Señor. Antes de esto, también veo el programa de televisión de un pastor muy sabio que me ministra muchísimo.

Bueno, la cuestión es que iba en mi caminata sumergida en mi alabanza cuando sentí una carga mucho más pesada por las mujeres que en aquel momento estaban recibiendo mis seminarios de capacitación. No podía parar de llorar, era algo muy profundo que salía de mi corazón. Continúe caminado y clamando. En medio de mi camino había una especie de tienda, como en los tiempos antiguos, que los estudiantes judíos de la universidad habían levantado para una celebración del Sabbat. Por supuesto, a esas horas de la mañana no había nadie, estaba abierta y me invitaba a entrar. Así que entré a la tienda que estaba adornada con símbolos hebreos y clamé al Señor por su pronto socorro. Le pedí que me ayudara a llevar la carga, le dije que solo llevaría aquel peso si me ayudaba y que una vez más reconocía que sin Él nada es posible. Le confirmé mi dependencia de Él y le dije que si me había confiado a esas mujeres que, por favor, bendijera mis manos, mi corazón y mi boca para hacer su obra. Que me llenara de sabiduría y me proveyera de recursos materiales para poder ayudarlas.

Estuve un rato llorando, me sentía cubierta por un manto especial. Sentía Sus manos sobre mi cabeza. Pensé que así se debían haber sentido aquellos judíos que caminaron por el desierto y a quienes siempre cubrió la mano de Dios a pesar de sus equivocaciones. Por cierto, siempre he tenido por costumbre orar por la paz de Jerusalén.

Llegué a mi trabajo, y como los hijos de Dios son llamados a orar e interceder juntos, ya me esperaba mi compañera de oración. Así que lo hicimos en mi aula, donde enseño y, como Dios siempre está al control de todo, una de mis alumnas llegó temprano también y se unió a nosotras en oración. Definitivamente, cuando dos o tres están reunidos en Su nombre, Él está ahí. Oramos con todo amor intercediendo por las situaciones que día a día se ventilan en ese cuarto, al que le puse por nombre «el cuarto de las mariposas». Había un ambiente propicio de intercesión y, por supuesto, las lágrimas no se hicieron esperar.

Ese día que les relato empezó con mucha oración, Dios nos estaba preparando para la guerra que tendríamos que librar. Él es así, como buen guerrero, prepara a su gente con tiempo.

Una a una mis participantes llegaban con situaciones más difíciles que la anterior. Casi me sentía nadando en una laguna de pirañas, no por ellas sino por las situaciones tan difíciles por las que estaban atravesando. Prácticamente no pude dar clases porque había situaciones más urgentes que resolver: refugio, ayuda legal, organizaciones que ayudan a pagar la luz, el agua, vivienda de emergencia, órdenes de restricción... Aquello se movía como las salas de emergencia de un hospital.

Pero mi Señor ya había preparado el terreno de la batalla, ya sus guerreros estaban listos y había tendido su estrategia ante el enemigo con anticipación: ¡oración! En medio de aquella lista de dificultades, poco a poco, Sus manos tocaron las mías y Sus recursos fueron llegando uno tras otro. Con toda alegría puedo decirles que el Señor se glorificó.

Nos llenó de favores y puedo decirles que cuando uno ora, siempre nos prepara. Dios prepara a todos aquellos que un día le dijimos: «Heme aquí» y nos comprometimos sinceramente para servirlo y ser sus manos en la tierra.

Y así, mis amadas amigas, se presentan mis «jornadas» laborales. En muchas ocasiones me dejan casi sin aliento, pero con la oración Él nos restaura y nos llena de fuerza, enseñándonos las vías para salir en pos de la victoria que tiene preparada para los que le invocan y esperan en Él.

No dude ni por un momento que cuando la tormenta arrecia y amenaza con destruirnos, si nuestro corazón está confiando en Él, podremos sobrevivir, servir y dar testimonio.

Sé de sobras que mi trabajo es secular pero el legado más importante que puedo dejarles es que aprendan a confiar en Dios, sembrarles la semillita y que ellas luego hagan lo mismo con otras que estén pasando situaciones difíciles. Es un «oficio» para ayudar a desenredar madejas, ya que muchas de ellas llegan con sus hilos hechos una verdadera maraña.

Y si usted está siendo las manos de Dios sobre la tierra, Él no solo le dará la oportunidad de servir, sino que aquellas personas a quienes sirvió un día volverán a contarle las buenas nuevas que están experimentando en sus vidas. Dios permite eso con el propósito de animarle a seguir adelante. Le doy muchas gracias a Dios por darme la oportunidad de ver a aquellas mujeres y hombres saliendo también adelante. Cada uno de ellos y ellas son como perlas que se añaden a mi collar.

Al mismo tiempo invito a mis estudiantes a pasar por el «cuarto de las mariposas» para que sirvan de testimonio y de aliento a las que hoy están como ellas estuvieron tiempo atrás.

Hace unos días tuve el lindo regalo de recibir a una de mis ex alumnas que llegó a mi aula en una situación extremadamente dura: sola, sin dinero, sin trabajo, con tres niños y uno de ellos con espina bífida, y para colmo no sabía leer. Pero a pesar de haber sufrido tanto desde su niñez, guardaba un corazón limpio, sin rencores. Y en ese terreno Dios puede trabajar. La mandé a estudiar a Alfalit, una institución alfabetizadora cristiana. Un tiempo después me llamó feliz porque había aprendido mucho.

Una tarde se apareció en mi trabajo porque me quería consultar algo muy importante: la querían nombrar portavoz de las madres hispanas con niños con espina bífida y no sabía qué hacer... Mi recurso estrella: ¡Orar!

Nos apartamos juntas, oramos de todo corazón, le entregamos esa distinción a Dios. Luego, ella aceptó el cargo porque Dios la llenó de valor y estoy segura que la va a equipar para hacer su trabajo, que no es otra cosa que la misión que le ha encomendado.

Estos son los regalos que Dios deposita en sus manos cuando estas están dispuestas a ser las manos de Dios sobre la tierra y a establecer su reino constituyéndonos en mujeres de reino.

Pídale instrucciones a Dios. Espere, y cuando Él le hable a su corazón, no vacile en ser parte de la visión y la misión. ¡Actúe!

34

Administradoras, no dictadoras

La mujer sabia edifica su casa y la necia la destruye. Y aquí, el término casa no se refiere solamente a la estructura de mampostería, adobe, madera o paja, sino a la que incluye a la familia. Hemos sido llamadas a llevar una misión como coherederas del reino. Y parte de ello es vivir la vida de una manera ordenada, tanto en el aspecto personal y familiar como laboral, pues muchas de nosotras hoy día somos colaboradoras en las finanzas del hogar.

Recuerdo cuando estaba en casa levantando a mi familia y al mismo tiempo ayudando a mi esposo con su negocio. Aunque él llevaba la voz cantante en todo, yo asumía el papel de administradora del hogar; pero era tan perfeccionista que, sin darme cuenta, asumía el papel de dictadora.

Todo debía estar en orden y si me movían algo de lugar era como si los meteoritos amenazaran con destruir mi casa. Pero, ¿qué meteoritos ni qué meteoritos? La «fosforito» era yo.

El que tengamos un hogar muy organizado no debe demandar toda nuestra energía y atención. Con ese tipo de comportamiento fácilmente podemos caer en manías y extremos que nos hagan sufrir por no poder tener el control de todo y, por supuesto, hacemos sufrir a nuestra familia.

Como madres de familia formando nuevas generaciones, debemos encontrar mesura. Nuestros hogares no pueden constituirse en campamentos del ejército, pues el resultado es que se volverán campos minados en los que por cualquier cosita estallará la guerra, aunque sea de palabras, y algunas veces hasta se manifieste en agresiones físicas como bofetadas y otras más.

Mamá querida, no es nada saludable ni para usted ni para su familia que se vuelva obsesiva con la limpieza, la comida, las notas de la escuela de sus hijos pues al hacerlo está cayendo en algo enfermizo.

Nuestros hogares deben funcionar con reglas de disciplina, no con alambrados ni esquemas demasiados rígidos. Nuestros hijos no son los primeros ni los últimos que en cuanto salgan de la mirada férrea de nosotras las madres, saltarán la cerca despotricando para vivir la vida loca. Lo más probable es que se vayan a los extremos.

No nos hagamos las sorprendidas cuando nuestros hijos, que han tenido que vivir bajo una dictadura, nos digan que se van de casa porque quieren respirar y pensar por su propia cuenta. Eso es muy peligroso pues nunca les enseñamos cómo actuar con responsabilidad, no fuimos capaces de darles poco a poco cuotas de responsabilidad y libertad.

Estar siempre como el atalaya en nuestros hogares, vigilando todo movimiento «sospechoso», nos enfermará. Me causa gracia cuando escucho a algunas señoras decir que su hijo o hija se lo cuentan *todo* porque para eso ellas son sus madres y a nadie más tienen que darles cuenta de cada uno de sus actos. No pasan muchos días cuando se sabe que ese niño o niña de mamá anda a escondidas haciendo disparates... y la mamá engañada, haciendo el papel de boba.

La administradora administra, no espía ni se convierte en madre castradora. De igual manera, este tipo de mujer le pone una etiqueta al esposo y, si pudieran colocarle un detector de mentiras, un radar o un dispositivo para saber dónde anda y hasta para leerle el pensamiento, lo harían.

Solo obsérvelas... siempre están nerviosas y desconfiadas, pensando que todo el mundo les quiere jugar una mala pasada. Y es que la dictadora que llevan por dentro las asfixia y no quieren reconocerlo.

Si hay algo de lo que no he padecido nunca es de celos, ni de andar vigilando los pasos, las llamadas, la ropa y la billetera de mi esposo. Ese tipo de conducta vigilante me parece humillante para ambas partes y no se gana absolutamente nada. Le pregunto: ¿Qué clase de futuro tiene una relación con tanta desconfianza? Me atrevo a decir que ninguna.

Mujer, ocupe el lugar de honor que Dios tiene para usted, deje de estar en esa zozobra que la está minando. Si cree que es una forma de conducta demasiado arraigada en usted, busque ayuda lo antes posible. Pues si todavía no se ha enfermado de verdad, está a punto de caer en un estado de nervios muy peligroso y de hacerle daño a sus seres queridos. Una mujer enferma de los nervios enferma su hogar.

En primer lugar, hágalo por usted misma, por su paz, para que su vida sea más agradable. Lo del espionaje y el campo de entrenamiento en que ha convertido su hogar, debe cambiar. No olvide lo que dije al principio: somos llamadas a ser administradoras, no dictadoras.

Esta es solo una forma de atadura. Pídale a Dios que la ayude por su bien y por el bien de la familia que le ha confiado y por la que tendrá que rendir cuentas. Los hijos no son de nuestra propiedad, es un tesoro de Dios que nos ha dado para que lo administremos.

Piénselo y actúe, por favor.

35

¡Flores, pájaros y mariposas!

Hoy ha sido un día de esos muy especiales, un verdadero regalo de Dios. En otros tiempos probablemente me hubiese quejado porque no ha parado de llover. Hoy el sol está de vacaciones, especialmente donde yo vivo que se conoce como la ciudad del sol. No obstante, en la variedad está el gusto y los cambios que Dios ha hecho en mi vida ahora me permiten disfrutar de la lluvia y los días grises.

Pensé escribir este capítulo final de *A mamá le va de maravilla... y al hogar también* describiendo un día típico de la Florida, con sol, mucho sol; pero no, más bien estoy escribiendo frente a un gran ventanal y el día está vestido de gris, aunque al mismo tiempo de fiesta. Me da la impresión que es una hermosa dama vestida de gris, adornada con un precioso collar de perlas.

Vivo en una ciudad muy hermosa llamada Coral Gables, en el estado de la Florida. A decir verdad, es una ciudad algo viejita, llena de árboles y casas antiguas. La mía es más viejita que yo, pero se mantiene joven porque está rodeada de árboles y flores que le dan un aire de eterna primavera. Algo así como la fuente de la juventud que un día vino buscando Ponce de León por estos lares. Lo que él nunca supo fue que esa fuente de la juventud solo se consigue cuando Dios habita en el corazón de las personas. Sin embargo, para recordarlo, titularon un bulevar con su nombre y hoy es una calle importante aquí en la ciudad.

Les comento que cuando anduve buscando por la casa dónde ubicar mi vieja mesa de madera de los años treinta, tuve la maravillosa idea de ponerla frente al ventanal. Ahora cuando escribo, de vez en cuando, levanto mis ojos del teclado de mi computadora y los extiendo al enorme árbol del fondo del patio, en el que las ardillas se desplazan con una agilidad impresionante y una seguridad tremenda (como los carros en las autopistas de carreras), y las admiro porque son unas tremendas. Es un paisaje hermoso.

Como es mi costumbre, cada mañana, pongo el alimento en uno de los comederos y ellas son las primeras en arribar al árbol de flores hawaianas que, dicho sea de paso, es la flor nacional de mi amada Nicaragua, la flor del sacuanjoche, que tiene un perfume delicadísimo. Las fulanas ardillitas se apoderan sin ninguna compasión de la comida provocando que a veces tenga que salir con una escoba a espantarlas, pues puedo ver en el tendido eléctrico a muchos pájaros esperando que ellas se dignen retirarse del «restaurante aéreo». Por su parte, y si no intervengo, no se irían nunca; y mis pajaritos, una variedad de siete clases distintas de aves, serían solo espectadores y no comensales.

Pero les decía que hoy ha sido un día nublado, remojado, pero especial. La lluvia me ha servido de fondo para escribir. Frente a este ventanal, donde les cuento que tengo muy bien ubicada mi mesa de trabajo, he colocado un comedero especial para los pajaritos más pequeños, los que llamamos arroceros, ¡qué espectáculo! No han parado de revolotear y turnarse para recoger el alpiste que con mucho amor les pongo.

Compruebo con alegría lo que la Palabra de Dios nos enseña, que los pájaros no hilan y visten unos trajes preciosos, y sin afanarse tienen abundancia de comida. Los míos, así los considero yo, son unos tragones. Siempre están muy elegantes, vistiendo trajes de diseñador y ¡muy exclusivos!

Sobre mi mesa no pueden faltar las flores frescas de mi propio jardín. Eso lo aprendí de mi mamá y siento que es un hermoso regalo de Dios poder cortar de mi propio jardín las flores que me hacen la vida más agradable. De igual manera, esta casa es un regalo de Dios. Ha sido el espacio que mi esposo y yo necesitábamos para preparar y cuidar de un jardín al que también llegan mariposas.

Cada mujer debe hacer de su casa un hogar, los detalles son los que le dan personalidad a su entorno y si usted tiene un patio hermoso —como el nuestro— ¡cultívelo! Si solo tiene un patiecito pequeño, cuídelo; y si se trata de un balcón, ponga manos a la obra y siembre flores en macetas para que atraigan mariposas. ¡Ah!, y un comedero que invite a los pájaros a darle serenata.

Esa soy yo, una mujer que ama la vida, que da gracias a Dios por el regalo de las flores, por el verdor de los árboles, por el canto de los pájaros y por el vuelo brillante y majestuoso de las mariposas. Mire cuántas cosas hermosas, cuántos detalles de parte de Dios para que seamos felices.

Hoy realmente ha sido un día especial. Un día con flores, pájaros y unas cuantas mariposas pero, sobre todo, con una lluvia que renueva todo. Sé que mañana estarán aquí todos mis visitantes, incluyendo a mis hermosas y elegantes mariposas, para alegrarme el alma y embellecer mi jardín. Solo quería que conociera el entorno en el que nacen mis libros.

¡Mil gracias!

Acerca de la autora

Hada María Morales nació en Nicaragua y ahora vive en Coral Gables, Florida. Ella ha escrito varios libros exitosos incluyendo *Vístete para triunfar, Mujer, atrévete a ser feliz* y *No arrugue que no hay quien planche*. Hada María se ha especializado en Turismo, Relaciones Internacionales y Recursos Humanos. Por medio de la radio y la televisión ella da, en segmentos de cinco minutos, consejos sobre la imagen profesional y recursos de empleo. Siente el llamado de proveer información, ánimo y felicidad al desempleado. Para más información visite www.hadaresponde.com.